DEBUT D'UNE SERIE DE DOCUMENTS
EN COULEUR

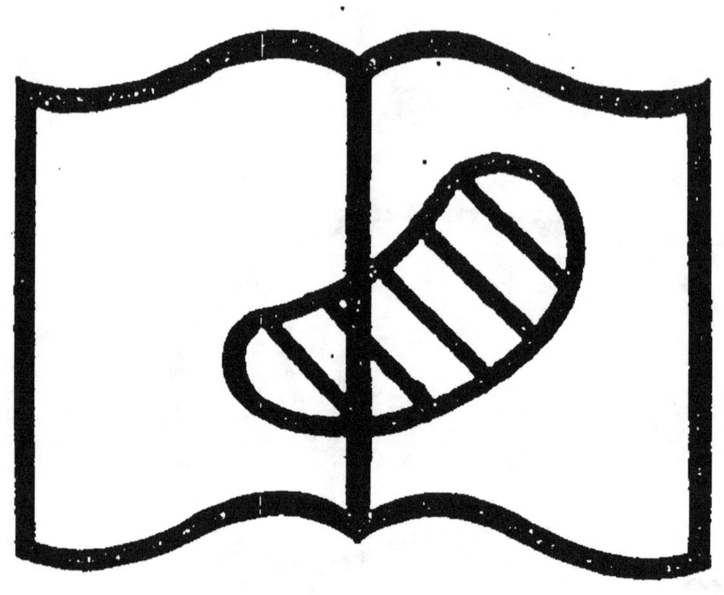

VALABLE POUR TOUT OU PARTIE DU
DOCUMENT REPRODUIT

SCIENCE ET RELIGION
Études pour le temps présent
SÉRIE HISTORIQUE
e sous les auspices de la Société Bibliographique

LA
PREMIÈRE ANNÉE SAINTE DU XIXᵉ SIÈCLE

LE
JUBILÉ DE 1825

ÉTUDE HISTORIQUE

PAR

M. GEOFFROY DE GRANDMAISON

PARIS
LIBRAIRIE B. BLOUD
4, RUE MADAME ET RUE DE RENNES, 59
1902

SOCIÉTÉ BIBLIOGRAPHIQUE

ET DES PUBLICATIONS POPULAIRES
5, rue Saint-Simon, Paris, VII°

But de la Société. — La Société Bibliographique a pour but de réunir tous les hommes d'intelligence et de cœur, désireux de mettre en commun leurs efforts au service de la Religion et de la Science.

A cet effet, elle favorise la création de *bibliothèques*, de *cabinets de lecture*, la *publication d'ouvrages pour les classes dirigeantes et pour les classes populaires*, ouvre *des conférences scientifiques, littéraires et sociales*; elle signale tous les mois, dans le Polybiblion (*Revue bibliographique universelle*), les ouvrages parus en France et à l'Etranger; enfin elle envoie *gratuitement* à tous ses membres son Bulletin mensuel, qui contient une *bibliographie de livres approuvés et destinés à la création de bibliothèques populaires catholiques*.

Avantages réservés aux Sociétaires. — 1° Au point de vue moral : les Sociétaires contribuent à la conservation de la Foi.

2° Au point de vue intellectuel : *Renseignements bibliographiques; prêts de revues de la Bibliothèque de la Société;* droit aux prêts de bibliothèques renouvelables (*demander les notices spéciales*).

3° Au point de vue matériel : la Société assure à ses membres des avantages tels qu'ils rentrent, et au-delà, dans le montant de leur cotisation.

Ses Ressources. — Elles se composent : 1° de la cotisation de tou ses membres associés-correspondants, laquelle est de 10 fr. pai an ; on peut s'en exonérer moyennant le versement d'une somm de 150 fr. une fois payée.

2° Des apports des membres titulaires, qui sont de la somme d 100 fr. *au moins* une fois payée. (Ce versement n'exempte pas d la cotisation annuelle de 10 fr., mais il donne droit à être éligibl comme membre du Conseil de la Société).

3° Des dons extraordinaires qui lui sont faits.

Résultats obtenus. — La Société Bibliographique est arrivée à inscrir sur ses listes plus de *neuf mille cinq cents sociétaires*; chaque année ell fait de nombreux envois de livres pour bibliothèques catholiques et pou distributions de prix aux enfants de nos écoles libres.

Pour plus amples renseignements, s'adresser directement à l Société, 5, rue Saint-Simon.

SCIENCE ET RELIGION

Études pour le temps présent. -- Prix : 0 fr. 60 le vol.

L'Autorité humaine des Livres saints, par le P. Méchineau, S. J. 1 vol.
Qu'est-ce que le miracle ? -- *Analyse de sa notion. Ses éléments constitutifs*, par l'abbé E. Coste. 1 vol.
Les trois Formes du Surnaturel. *Le Miracle, la Révélation et la Grâce*, par Pierre Vallet, P. S. S. 1 vol.
Du même auteur : Dieu principe de la loi morale. 1 vol.
La Bible depuis son origine jusqu'à nos jours, par M. l'abbé Chauvin. 2 vol. se vendant séparément.
  I. *La Bible chez les Juifs.* 1 vol.
  I. *La Bible dans l'Eglise catholique.* 1 vol.
Études sur l'origine de la Société, par le R. P. Montagne, des Frères-Prêcheurs. 3 vol se vendant séparément.
  I. *La Théorie du Contrat social.* 1 vol.
  II. *La Théorie de l'Organisme social, d'après l'Ecole naturaliste.* 1 vol.
  II. *La Théorie de l'être social, d'après saint Thomas d'Aquin.* 1 vol.
Le Problème de la Souffrance humaine. — *Pourquoi souffrir? Triple réponse chrétienne*, par le P. Bauer, de l'Oratoire. 1 vol.
Le Matérialisme et la Nature de l'Homme, par M. l'abbé G. Contestin, chanoine titulaire de Nîmes. 1 vol
Le Mouvement religieux en Angleterre au XIXᵉ siècle, par le R. P. Ragey, Mariste. 3 vol. se vendant séparément.
  I. *L'Anglicanisme.* 1 vol.
  II. *Le Ritualisme.* 1 vol.
  III. *Le Catholicisme en Angleterre.* 1 vol.
La Liberté d'Enseignement. *Aperçu historique*, par M. l'abbé Laurent. 1 vol.
Rivalités scientifiques ou la Science catholique et la prétendue Impartialité des Historiens, par le R. P. Th. Ortolan, 3 vol. se vendant séparément.
  I. *La Manie du Dénigrement.* 1 vol.
  II. *Les Fausses réputations.* 1 vol.
  III. *Les Oubliés.* 1 vol.
L'Occultisme contemporain. — *Ses doctrines et ses divers systèmes*, par Charles Godard. 1 vol.
Evolution, Progrès, Liberté, par P. Vallet. 1 vol.
Les Qualités de l'Educateur, par J. Guibert, P. S. S. 1 vol.
La Bible et les Théories scientifiques, par M. l'abbé B. Colomer 1 vol.
L'Origine apostolique du Nouveau Testament, par le P. Lucien Méchineau, S. J. 1 vol.
Hasard ou Providence. *Le Problème des Causes finales*, par le R. P. J.-D. Folghera, des Frères-Prêcheurs. 1 vol.
La Conservation de l'Energie et la Liberté morale, par le R. P. de Munnynck, O. P. 1 vol.
Le Péché originel dans Adam et ses descendants. *Exposé apologétique*, par le R. P. Le Bachelet, S. J. 2 vol.
Le Monde Juif au temps de Jésus-Christ et des Apôtres, par l'abbé Beurlier. 2 vol.
Le Dogme chrétien dans la Religion juive, par A.-F. Saubin 1 vol.

— Le Levier d'Archimède ou la Mécanique céleste et le Céleste mécanicien, par le R. P. ORTOLAN. 2 vol.

— Ce que le Christianisme a fait pour la femme, par G. d'AZAMBUJA. 1 vol.

— L'Hypnotisme et la Stigmatisation, par le Dr IMBERT-GOURBEYRE. 1 vol.

— L'Education chrétienne de la Démocratie, *essai d'apologétique sociale*, par CH. CALIPPE. 1 vol.

— La Religion catholique peut-elle être une science ? par l'abbé G. FRÉMONT. 1 vol.

— *Du même auteur :* Que l'Orgueil de l'Esprit est le grand écueil de la Foi, *Théodore Jouffroy, Lamennais, Ernest Renan.* 1 vol.

— La Révélation devant la Raison, par F. VERDIER, supérieur de Grand Séminaire. 1 vol.

— Confréries musulmanes. — *Histoire, Discipline, Hiérarchie,* par le R. P. PETIT. 1 vol.

— Pratique de la Liberté de conscience dans nos Sociétés contemporaines, par l'abbé CANET. 1 vol.

— Comment peut finir l'Univers, d'après la science, par C. de KIRWAN. 1 vol.

— Les Théories modernes de la Criminalité, par le Docteur DELASSUS. 1 vol.

— Faillite du Matérialisme, par Pierre COLINER, 3 vol. *se vendant séparément :*

    I. — *Historique.* 1 vol.

    II. — *Discussion ; l'atome et le mouvement.* 1 vol.

    III. — *Discussion ; l'éther, les gaz, l'attraction. Conclusion. — Appendice.* 1 vol.

— Le Globe terrestre, par A. DE LAPPARENT, Membre de l'Institut, professeur à l'Ecole libre des Hautes Etudes, 3 vol. *se vendant séparément.*

    I. — *La Formation de l'écorce terrestre.* 1 vol.

    II. — *La nature des mouvements de l'écorce terrestre.* 1 vol.

    III. — *La Destinée de la terre ferme et la Durée des temps.* 1 vol.

— De la Connaissance du Beau, *sa définition, application de cette définition aux beautés de la nature,* par l'abbé GABORIT, archiprêtre de la Cathédrale de Nantes. 1 vol.

— Le Diable dans l'Hypnotisme, par le docteur CH. HÉLOT. 1 vol.

— De la Prospérité comparée des nations protestantes et des nations catholiques, *au point de vue économique, moral, social,* par le R. P. FLAMÉRION, S. J. 1 vol.

— L'Art et la Morale, par le P. SERTILLANGES, dominicain, docteur en théologie. 1 vol.

— La Sorcellerie, par I. BERTRAND. 1 vol.

— Qu'est ce que l'Ecriture sainte ? *Les Livres inspirés dans l'antiquité chrétienne : Théorie de l'inspiration,* p. le P. TH. CALMES. 1 vol.

— Les Morts reviennent-ils ? par I. BERTRAND. 1 vol.

(Demander la liste complète des volumes Science et Religion, *parus à ce jour).*

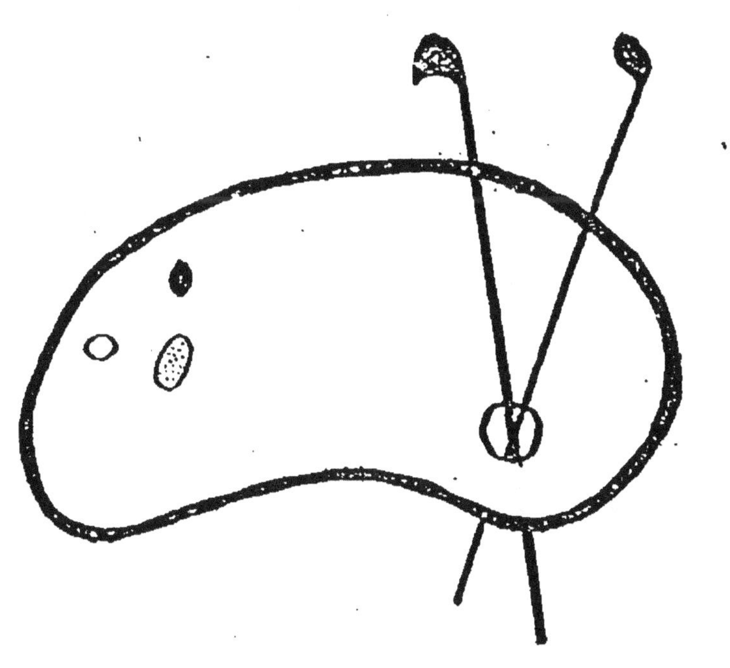

FIN D'UNE SÉRIE DE DOCUMENTS
EN COULEUR

SCIENCE ET RELIGION

Études pour le temps présent

Série Historique

publiée sous les auspices de la Société Bibliographique

LA
PREMIÈRE ANNÉE SAINTE DU XIXᵉ SIÈCLE

LE
JUBILÉ DE 1825

ÉTUDE HISTORIQUE

PAR

M. GEOFFROY DE GRANDMAISON

PARIS

LIBRAIRIE B. BLOUD

4, RUE MADAME ET RUE DE RENNES, 59

1902

PRÉFACE

On peut disputer des origines historiques, l'accord est fait sur la date du premier jubilé romain : il eut lieu en 1300, sous Boniface VIII. Le grand pardon devait être séculaire. Clément VI en ramena les fêtes tous les cinquante, Urbain VI tous les trente-trois ans, en l'honneur de l'âge du Sauveur sur la terre ; enfin, depuis Paul II la faveur en fut concédé à chaque période de vingt-cinq années.

Encore faut-il que les circonstances rendent possibles le déplacement et la réception des pèlerins. Les bouleversements sociaux de l'Europe ne le permirent précisément pas entre la Révolution et l'Empire. Le malheur des temps, depuis un demi-siècle, l'empêcha également quand sonna l'heure de l'année sainte : en 1850, le Pape était en exil, il était, en 1875, prisonnier.

Le XIXe siècle aura donc vu deux fois seulement ces fêtes des grandes indulgences : en 1825, sous Léon XII ; sous Léon XIII, en 1900.

Le récit en est instructif, les rapprochements en semblent curieux, les dissemblances peuvent marquer les phases et les caractères du mouvement catholique dans les années contemporaines. Trois quarts de siècle sont toujours une large frange arrachée au manteau du temps ; mais les mois ici comptent doubles, comme des jours de bataille, et après soixante-quinze ans, les hommes parlent une autre langue sous des horizons nouveaux ; les esprits semblent avoir rajeuni à mesure que les fronts vieillissaient. Seule l'Église demeure identique à elle-même dans ses cérémonies et ses principes, ses douleurs et ses espérances.

LE JUBILÉ DE 1825

CHAPITRE PREMIER

LÉON XII ORDONNE LE JUBILÉ MALGRÉ LES COURS EUROPÉENNES. — OUVERTURE DE LA PORTE SAINTE.

Léon XII était assis dans la chaire de saint Pierre depuis huit mois quand il annonça, le jour de l'Ascension de 1824, les fêtes prochaines de l'Année sainte. La décision était grave ; la paix générale pouvait l'autoriser, mais on trouvait quelque audace à ce dessein d'un Pape fatigué, malade et si nouvellement placé à la tête des affaires de l'Église.

C'était une nature douce et simple que cet Annibal della Genga, au front large, aux traits fiers, aux yeux d'azur, aux lèvres pâles dans un ovale régulier. Sa taille haute et flexible donnait l'image de son caractère distingué et conciliant. Il avait traversé les dignités sans éclat et les révolutions sans faiblesse, les nonciatures sans illusion, l'administration sans péculat. Sa santé était moins forte que son caractère, moins robuste que sa piété.

Vouloir le Jubilé en l'an de grâce 1824 indiquait un esprit déterminé et une âme maîtresse d'elle-même. Les princes n'y étaient pas favorables. La Papauté vivait sans autre prestige que celui de la sainteté dans le malheur, deux qualités que les chancelleries prisent peu chez autrui et qui les rendent arrogantes pour elles-mêmes. L'opinion du Souverain Pontife, peu s'en inquiétaient ; du respect, sans doute ; de l'influence, pourquoi ? La Révolution et l'Empereur avaient détruit le vieux sentiment du

surnaturel qui enveloppait du mystère de ses nuages
la majesté du sanctuaire. Un moment on avait dit
qu'il n'y aurait plus de Pape. Celui qui fut nommé
pour faire manquer la prévision, on l'avait vu arra-
raché de son trône et prisonnier en France. Après
l'épreuve, ses sujets l'avaient retrouvé avec trans-
ports, toutefois sa part dans le « jeu de ce monde »
demeurait courte ; sa bénédiction tombait sur la
ville, elle n'allait plus aux extrémités de l'univers.
Or Léon XII pouvait-il ignorer cette décadence ?

En ces doux soirs du printemps de 1824, appuyé
sur les bras dorés de son fauteuil rouge, ce vieillard
vêtu de blanc songeait aux devoirs impérieux de sa
charge nouvelle. Plongeant par les fenêtres ouvertes
du Quirinal son œil suivait une profonde vision. Au-
dessus du dôme de Saint-Pierre, au delà des lignes
des monts Sabins, à travers l'immensité des mers
dont les flots battent les plaines où fut Ostie, le Pape
voyait les peuples et les rois. Il était le pasteur du
troupeau, la vigie du navire, la sentinelle de la for-
teresse : *Custos, quid de nocte ?*

A ses pieds la ville éternelle, bercée dans la som-
nolence de son repos, respirait le calme plus que la
vie. Au loin Naples, Florence, Venise, Milan, en
menace de mort violente, entre les baïonnettes autri-
chiennes et le stylet des Carbonari. Cette Autriche
prétendant conduire l'Europe sans autre boussole
que son égoïsme. L'Angleterre absorbée dans la
confection de ses traités de commerce. La France
attendant à chaque instant la mort de son roi, espé-
rant vaguement beaucoup de son successeur, fière
du prestige de ses armes, minée par l'impiété légère.
L'Espagne, le Portugal, ravagés de commotions
intérieures. Le Sultan et le Tsar en perpétuel conflit ;
les Grecs en révolte, les Amériques en feu. Et tant
d'agitation, de mouvement ou de lassitude, sans

autre souci que des besoins matériels et des intérêts mesquins.

Alors, plein de compassion et d'espérance, Léon XII prétendit rappeler aux hommes l'idéal chrétien et forcer la miséricorde de Dieu ; il résolut d'ouvrir le trésor des indulgences du grand Jubilé.

Plus tard, chacun prétendit avoir formé ce vœu dans son cœur ; en 1824, le Pape était le seul à le vouloir fermement. Sa décision n'était pas prise à la légère ; il avait demandé et reçu des conseils : presque tous étaient empreints de réserves. Les uns regardaient avec effroi les finances pontificales : quelles dépenses pour un trésor si peu rempli ! D'autres redoutaient un échec moral : en ces temps d'irréligion, les pèlerins viendraient-ils nombreux ? D'autres craignaient les difficultés diplomatiques, et leurs arguments paraissaient fondés. — Le Pape prit tout sur lui. « *Leo !* Mon nom est synonyme de courage. » Dans sa conversation il disait aux cardinaux : « Nous ne pensons pas que les libéraux se déguiseront en pèlerins et qu'ils viendront ici avec des armes cachées sous le capuchon bordé de coquilles ; le bourdon ne recélera pas un poignard assassin. A présent la trompette sainte a sonné, les nations chrétiennes sont convoquées ; nous accomplirons notre devoir, nous devons transmettre l'exemple tel que nous l'avons reçu ». Et se penchant vers ses familiers, d'une voix enjouée : « *Si dira quel che si dira : Si ha da far il Giubbileo !* »

Auprès du Pape, l'adhésion à ses idées restait froide ; au loin, l'opposition s'accentuait. Sans doute la cour de France (Charles X venait d'y occuper la première place) se montrait franchement favorable au Jubilé ; la logique et les circonstances voulaient que l'on vécût dans le beau rêve du « Trône et de l'Autel » ; le roi très chrétien mettait son point d'honneur à partout soutenir la cause de la religion. Sans enthousiasme, le Piémont suivait cette ligne de conduite, la Maison de Savoie était catholique et comptait dans sa lignée des saints. — Mais toutes les autres puissances marquaient sans déguisement leur défaveur. Les monarchies dissidentes : Russie, Prusse, Wurtemberg, Hanovre, n'ayant pas à parler tout haut, gardaient officiellement un dédaigneux silence. La Bavière affectait de croire à un échec. L'Autriche, de meilleure foi, prévoyait dans ces voyages de « pèlerins » à travers ses lignes de douanes, la facilité pour les agents des sociétés secrètes de se mettre en mouvement, d'échapper à sa police, et de franchir le cordon sanitaire dont elle enveloppait, en Italie surtout, ses états. Naples manifestait sa plus méchante humeur, trouvait tout intempestif, dangereux, inutile, et comme ceux qui n'ont pas de bonnes raisons à donner se froissait qu'on lui en demandât. Son agent à Rome déblatérait sans retenue, envenimant des choses très simples. Ce marquis de Fuscaldo se rappelait trop la politique de sa jeunesse ; ses 80 ans faisaient de lui un contemporain de Tannucci, il semblait aussi vouloir être son émule. Tout le vieux venin Joséphiste d'autrefois lui montait aux lèvres, « Ce n'est pas de l'humeur, de la vivacité, c'est une colère ineffable qui le transporte quand il parle de la *Camarilla* et des cardinaux *Zelanti* » (1). — Il allait garder jusqu'au bout cette humeur dénigrante.

A la notificaton du Jubilé, l'Autriche avait fait remettre une réponse assez aigre. Homme d'esprit, le cardinal secrétaire d'Etat, qui ne pouvait être satisfait, affecta de le paraître. M. de Metternich se souvenant d'avoir eu aux bords du Tibre, du temps

(1) Dépêche du duc de Laval au baron de Damas, 27 janvier 1825 (Arch. des Affaires Etrangères, *Rome*).

de Consalvi, une influence qui n'existait plus, retenait par bouderie, en congé, loin de son poste, l'ambassadeur, le comte Appony ; par sagesse il faisait jouer à son chargé d'affaires, personnage moins important, un rôle de condescendance : il lui donna l'ordre de « plaire » et M. Genotte s'y évertua. Mais comment y réussir pleinement quand, porteur de notes comminatoires on est comme lui, grave, froid, âgé et affligé d'un formidable embonpoint ? A l'encontre de cet agent peu loquace, l'ambassadeur de S. M. C. Monsieur de Vargas, marquis de la Constance « un des plus fiers et des plus rancuniers Espagnols qu'on pût trouver dans toutes les Espagnes », parlait toujours, longtemps, fort et haut surtout. « C'est un homme qu'on n'interrompt pas facilement », disait avec mélancolie le duc de Laval, excédé. Comme il faisait profession de ne s'étonner de rien, le Jubilé ne l'avait pas pour adversaire : il regardait venir.

Le sacré collège renfermait aussi des opposants, et le cardinal Hœffelin aimait à se faire l'écho des pronostics néfastes de la Bavière. L'opposition s'attaqua jusqu'aux Romains de Rome. Les étrangers, disait-on, bouleverseront la ville, s'ils apportent de l'argent, ils en feront dépenser plus encore, et toutes les fêtes pieuses entraveront les réjouissances habituelles : avec les pèlerinages il n'y aura pas de carnaval cette année ; pas de carnaval à Rome !

Léon XII souriait, voulait, prévoyait. En méditant la bulle d'annonce, il répondit par avance aux objections : la grandeur de Rome commandait la largesse des indulgences, justifiait les réunions extraordinaires pour le triomphe de la religion ; que les Romains donnent le bon exemple, que les pèlerins accourent en foule, que les princes catholiques favorisent ces visites, que les frères égarés viennent eux aussi ; le banquet divin est préparé pour tous. — Le 27 mai, en se rendant à la chapelle Sixtine, Mgr Pesta, secrétaire des lettres latines, lui ayant présenté la bulle : *publicetur*, dit le Pape à haute voix. Alors on en fit la lecture au peuple sous le portique de Saint-Pierre. Soulevé sur la *Sedia*, Léon XII se présenta au balcon et répandit sur la foule une immense bénédiction. — Vêtus de violet, à cheval, la masse d'argent au pommeau de la selle, les « Curseurs apostoliques » partirent afficher les bulles attachées par un ruban rouge aux colonnes des trois grandes basiliques. Quatre tambours à pied, quatre trompettes à cheval les précédaient. A Saint-Paul ils furent accueillis au son des cloches par les Bénédictins (1).

Ayant manifesté sa volonté, le Souverain Pontife se plut à en donner aux esprits sages l'explication raisonnable. Il fit venir l'ambassadeur de France : « C'était pour moi un devoir de conscience imposé par les besoins de la catholicité. Toutes les précautions légitimes sont prises ; les mesures ordinaires de police seront maintenues aux frontières des États, l'hospitalité du Pape sera offerte aux pèlerins, mais pour en jouir il leur faudra montrer un passeport régulier, une lettre de leur curé ou de leur évêque. Il y a de la témérité, prétendent certains, à jeter sur les grandes routes tant de voyageurs ; ils ajoutent : c'est mal connaître les temps, les mœurs et les peuples, ces cérémonies sont d'un autre âge, pourquoi montrer que l'Église est mourante ? Toutes les

___

(1) *Memorie dell'Anno Santo 1825*. Manuscrit inédit d'*Egidius Fortini*, « Romain ». — A ces très exacts mémoires nous empruntons certains traits curieux du Jubilé. Fortini mourut fort âgé, en février 1870 ; il était déjà, en 1825, membre de la confrérie de la Trinité des pèlerins ; témoin et acteur de toutes ces fêtes, il a relaté mois par mois l'arrivée des voyageurs à l'hôpital, les cérémonies, les pèlerinages, les réceptions des confrères.

mauvaises têtes profiteront de ce mouvement et l'on va ébranler la sécurité des trônes. Il est à craindre de fournir à l'Autriche le prétexte d'étendre son influence policière en Italie. Que ne dit-on pas? Tout ceci est contradictoire. Le Pape a fait son devoir. Dieu bénira sa résolution. »

M. de Villèle, à son habitude, parut homme sagace et l'ennemi des grandes émotions. Il avait demandé un rapport historique concernant les anciens jubilés; en marge nous trouvons de sa main une note au crayon qui conclut avec bonhomie : « Il convient de distinguer les *dangers* du Jubilé. Le premier consiste dans le passage de pèlerins, il n'est pas à redouter. Les mesures de précaution prises par l'Autriche dans ses états en Italie seront bien vues par la France ». (1) C'était le bon sens qui parlait.

Le mauvais vouloir des ambassadeurs des couronnes se traduisait assez mesquinement par la force d'inertie : on ne les voyait prendre pour la réception et le séjour de leur nationaux à Rome aucune disposition, ordonner aucun préparatif. La France mieux intentionnée n'était pas beaucoup mieux servie ! A la fin de l'automne, l'ambassadeur était encore en congé, et le chargé d'affaires Artaud, plein de bonne volonté, manquait d'esprit d'initiative ; n'écrit-il pas naïvement au ministère : « Je ne sais certainement ce qu'il faut faire, mais on doit le savoir à Paris ». (2)

Ici encore Léon XII est le seul qui ait une volonté. Aux doléances gémissantes du ministre de Sardaigne il répond avec fermeté: « Monsieur, que chacun fasse son devoir, je ferai le mien ; si les rois le font aussi, tout ira bien. » Et il ordonne une dépense d'un

<hr>

(1) Aff. Étrang., *Rome*, vol. 958, pièce 29. Original.
(2) Dépêche du 5 octobre 1824, *Id.*, pièce 101.

million pour la réparation des églises, l'entretien des
rues, les préparatifs d'hospitalité matérielle.

Au jour fixé il ouvre la Porte Sainte.

C'était le 24 décembre. Toute la matinée les voitures des cardinaux avaient sillonné le Borgo, et au
milieu d'une foule en habits de fête, les chevaux noirs
pomponnés de rouge gravissaient les pentes de la
via delle Fondamenta jusqu'au perron de la cour
Saint-Damase. Les hallebardes des Suisses réson-
naient dans la salle Clémentine, et autour des braseros, dans une agitation bourdonnante, les *Bussolanti*
en velours cramoisi, les camériers à la chaîne d'or ou
à la robe violette, faisaient voltiger les dentelles des
rochets, la soie des soutanes, les panaches des
toques, comme une brise légère sur un champ d'a-
voine courbe et confond les bluets, les pâquerettes,
les pavots et les mauves.

A midi, Léon XII en chape blanche, tiare en
tête, sortit de ses appartements.

Il marcha processionnellement à la Sixtine où le
Saint Sacrement était exposé. Un cierge doré à la
main, il entonna le *Veni Creator*, puis monta sur
la *sedia*. Par l'escalier royal, le cortège descendit
sous le portique de Saint-Pierre. La théorie était
immense. En longues files les orphelins des établissements de charité, le clergé des chapitres, la maison pontificale, les magistrats de la ville, les prélats
et le sacré collège. Autour du pontife miroitaient
les cimiers d'argent des Suisses et les casques dorés
de la garde noble. Descendu de son siège, le Pape
monta un instant sur un trône de velours avant de
s'avancer vers la Porte Sainte. C'est, à droite, la première des cinq ouvertures du péristyle, portant sur la
frise de marbre le nom de Paul V et la date de 1614.

Le grand pénitencier, l'Éminence Castiglioni, lui
ayant présenté un marteau d'argent, il en frappa trois

fois la maçonnerie sur laquelle se détachait la croix de bronze, chantant l'*Aperite mihi portas justitiæ*, ajoutant à la dernière fois : *Quoniam vobiscum Deus !*

A un signe de tête du Saint-Père, remonté sur son trône, un maître de cérémonies tira un cordon de soie et le mur s'abattit sur un petit chariot de mêmes dimensions, aux roues très basses, aussitôt entraîné. Les Pénitenciers lavèrent d'eau bénite le seuil dégagé. Léon XII quitta la tiare, prit la mitre, la croix, entonna le *Te Deum* et entra. A l'instant où il posait le pied sur la marche de marbre, les cloches de la basilique s'ébranlèrent, auxquelles répondirent le joyeux carillon des 350 églises de la ville, les salves du fort Saint-Ange, les décharges de mousqueterie. La procession avait suivi : on s'avança à la *Pieta* de Michel-Ange, puis à la chapelle grégorienne, enfin au grand autel, tandis que les ondes populaires pénétraient en mugissant par les portes subitement grandes ouvertes, et emplissaient Saint-Pierre d'un flot enthousiaste et vainqueur. *Quos ego !...* Il a suffi d'un geste pour apaiser et clouer au sol cette marée débordante : Léon XII donne sa bénédiction, sa main se lève sur ces fronts qui se courbent, et un frémissement de foi secoue les cœurs.

Le retour au palais est lentement majestueux. Chacun songe à ce spectacle unique dont les vieillards seuls peuvent retrouver la vision effacée : Que de bouleversements, de révolutions, de morts, depuis cinquante ans ! Quels abîmes creusés sur le chemin depuis Pie VII ! Mais les fondrières, cette main bénissante semble les avoir comblées. Deux des spectateurs de jadis se retrouvent acteurs aujourd'hui, et combien haut placés sur le faîte ; en 1775, deux enfants de chœur de quatorze et treize ans, sous le même portique de Saint-Pierre, à cette même fête jubilaire se heurtaient dans la foule, et, pour passer, se menaçaient mutuellement de leur flambeau. Ils sont encore là et le plus jeune a présenté respectueusement au plus âgé le marteau d'argent. L'un s'appelle S. S. Léon XII, l'autre l'Éminentissime Castiglioni qui, un jour, sera le Pape Pie VIII.

Le Romain, « né malin » lui aussi, se plaît à redire l'anecdote, il brode même un peu et affirme que pendant la cérémonie le Saint-Père a rappelé l'aventure au grand pénitencier. Joyeuse, la journée est d'ailleurs aux bons mots : dans sa satisfaction, le Pape s'est penché au retour vers le cardinal Vidoni : « *Bene, le cose sono andate benissimo.* — Tout a marché parfaitement bien. » A quoi le prélat a reparti, pour narguer sans doute les années : « *Un altra volta saremo pratici.* — Une autre fois, nous saurons comment cela se fait. »

Et Rome est en liesse : le ciel est pur, le soleil brille, si l'air est froid ce n'est pas de brouillard ou de pluie, sur le sol durci le pied se pose fortement. Le mouvement est universel, le matin on a même cru qu'il troublerait le bon ordre, la foule était si grande sur la place (plus de trente mille pèlerins sans compter la ville entière) que les tribunes officielles ont manqué être renversées. Et cependant, que de personnages respectables parqués dans ces frêles constructions aux grillages dorés, recouvertes de damas rouge et de tapis verts. S. M. la reine douairière de Sardaigne, Marie-Thérèse d'Autriche avec les princesses ses filles, Marie-Anne et Marie-Christine ; le duc de Lucques, infant d'Espagne, et la duchesse Marie-Thérèse de Savoie ; le prince Henri de Prusse ; bien d'autres, les Chevaliers de Malte, le patriciat Romain, tout le corps diplomatique dans le plus grand appareil de ses uniformes.

Mme la duchesse de San-Fernando, juchée sur les marches élevées, s'est trouvée en péril, car l'escalier a été brusquement coupé par la foule et c'est le chevalier Artaud, notre premier secrétaire, qui a été délivrer de sa position embarrassante cette « cousine » du Roi catholique.

A la même heure que cette majestueuse cérémonie de Saint-Pierre, l'ouverture des trois autres églises jubilaires a été faite avec pompe. A Saint-Jean de Latran, à Sainte-Marie-Majeure, et à Sainte-Marie *in Trastevere* (désignée à la place de Saint-Paul Hors-les-Murs incendié depuis un an), les cardinaux della Somaglia, Naro et Pacca ont respectivement rempli la fonction.

Infatigable, Léon XII a reçu toute l'après-midi les félicitations de sa cour, du patriciat, des ministres ; la nuit, il a assisté aux offices de Noël, — à la Sixtine, il a entonné les Matines, chanté une Leçon, entendu la messe solennelle du cardinal Falzacappa ; le matin, il s'est rendu de nouveau à Saint-Pierre, a reçu à la confession l'obédience des Cardinaux, célébré le saint Sacrifice, assisté des Em. Pacca, Vidoni, Guerrieri Gonzagua, Cacciapiatti ; il les a communiés de sa main. Enfin, du balcon de la basilique il donne la bénédiction pontificale à la multitude qui de la place déborde sous les arcades du Bernin et derrière les cavaliers et les fantassins agenouillés, se masse dans le Borgo et les ruelles qui mènent au Tibre.

L'Année sainte est commencée, elle ne peut s'inaugurer sous des auspices plus favorables, c'est bien l'heure de se féliciter, avec la bulle, « de trouver, après des maux sans nombre, l'heureuse occasion de travailler à restaurer tout en Jésus-Christ pour l'expiation des peuples chrétiens. » — Aussi à la réception du 1er janvier, le Saint-Père avait-il le droit de remarquer les sécurités politiques presque inattendues de l'heure présente : la paix régnait en Europe, une détente morale semblait s'accentuer à laquelle le Jubilé donnerait la plus haute consécration possible en conviant les princes à la justice, les peuples à la sagesse, tous à la piété et à la vertu. Les paroles du Pontife, affables pour chacun, gardaient un ton de noblesse et de dignité qui émut les assistants (1).

Les édits pontificaux prétendaient que l'exemple partît de la Ville éternelle : ils avaient la coquetterie de vouloir que Rome se fît belle et se présentât à la foule des étrangers dans sa parure d'antiquité, de chefs-d'œuvre et de souvenirs, mais encore avec la robe blanche de la foi. Léon XII s'était enquis des moindres détails, avait tout réglementé. Au moment où les visiteurs envahissaient les églises, il rappelait la vénération due au saint lieu. Que les Romains donnent, par leur attitude, le bon exemple ; que tout dans le service divin soit digne et majestueux : les messes à des heures exactes, les portes fermées au coucher du soleil, les cérémonies sans décors ni intrusions profanes, notamment sans musique théâtrale (et l'on disait que les innovations du *maëstro* Rossini étaient ici en cause). Défense aux mendiants d'importuner les pèlerins dans l'intérieur des églises, aux gens de sacristie de louer les chaises, aux séculiers de parler haut, aux visiteurs de se conduire indiscrètement, en simples touristes ; obligation pour le clergé de porter la soutane, aux femmes de se présenter en costume modeste et la tête voilée. Les établissements pieux reçurent l'ordre de réparer leurs chapelles, d'entretenir leurs ornements, de rectifier leurs usages, de corriger leurs

____

(1) Dépêche du duc de Laval, 4 janvier 1825.

abus ; il leur fallait présenter en cette année sainte une régularité édifiante. Et à ce propos le duc de Laval fit exposer au cardinal secrétaire d'Etat la situation des établissements français.

Le Pape prétendait payer de sa personne : si une tempête et un froid glacial forçaient à contremander la bénédiction apostolique du jour de l'Épiphanie, à toutes les autres cérémonies il aimait, il voulait être présent.

Il gagnait courageusement les indulgences du Jubilé. Le 26 mars, suivi de douze cardinaux, d'un groupe de soixante-douze pèlerins choisis dans chaque nationalité, et de la garde-noble, il accomplit la visite prescrite dans les basiliques ; il termine par un *Te Deum* à la chapelle Pauline, et fait servir, la servant lui-même, dans la salle Clémentine, la collation à tout son cortège. Aux prières des Quarante-Heures, il se rend dans cinq églises, suit la procession du Saint Sacrement. Aux Rameaux, il en préside une autre. Pendant la Semaine Sainte, il ne veut omettre aucune de ses fonctions habituelles jusqu'à ce symbolique et traditionnel lavement des pieds de treize pauvres prêtres, à la seule différence que ce Jeudi Saint-là, il les fait choisir dans treize nations diverses.

Le 9 avril, il est rendu de grand matin à Sainte-Marie-Majeure où l'attendent le sacré collège, la prélature, un cortège immense de fidèles ; tous vont en procession au Latran, Sa Sainteté y dit la messe, se met en route à pied pour le Transtevère, y fait la station à Sainte-Marie, et après plusieurs heures de marche revient chanter le *Te Deum* à Saint-Pierre. Les cardinaux, — tous sauf le vieux Hœfelin, âgé de 88 ans, ont laissé leur voiture s'avancer vide, — sont fatigués de cette course d'une journée sans repos, le Pape reste plein d'activité et d'entrain.

Un autre jour, tout chétif de corps qu'il soit, il accomplit pieds nus le pèlerinage de *Santa Maria in Vallicella* dans cette splendide *Chiesa Nuova* où repose saint Philippe de Néri. Il en sort entre une haie de pèlerins qui admirent ce Pape souffrant et mortifié.

C'est qu'il se rappelle les grands exemples, en pareille circonstance, de ses prédécesseurs, de ce Clément VIII notamment qui, septuagénaire, vint prier soixante-dix fois dans chacune des quatre basiliques, en expiation des fautes qu'il avait dû commettre dans les soixante-dix annés de sa vie; qui gravissait à genoux chaque dimanche les marches de la *Scala Santa*, jeûnait au pain et à l'eau deux fois la semaine et distribua en un an quinze cent mille francs d'aumônes. Mais aussi combien le peuple chrétien suivait la voie tracée par un tel pasteur : en cette année jubilaire de 1600, trois millions de pèlerins se pressent à Rome, la France n'en fournit pas moins de trois cent mille. Et parmi ces dévots enfants de l'Église règne une ferveur qui ne sera égalée qu'un siècle plus tard, sous Clément XI, quand on vit au Latran une foule de pénitents si grande que les confessions se faisaient en pleine rue, et que le jour de la Saint-Thomas on distribua la communion depuis l'aube jusqu'aux vêpres de l'après-midi.

Les temps, en 1825, ne se prêtaient point à ces démonstrations enthousiastes. Les besoins de rénovation religieuse n'étaient pas moindres, mais les sarcasmes des philosophes et les brutalités des Jacobins n'avaient pas renversé les « idoles de la superstition » sans ébranler quelque peu aussi les statues des saints. Ceux qui avaient survécu à la blessure du serpent révolutionnaire concevaient mal tout le danger secret de la morsure et semblaient en ignorer le subtil venin. Le triomphe d'une autorité un peu brutale, leur semblait le meilleur remède, le seul, aux efforts de la licence. Mais sans un principe moral qui la purifie, la guide, et lui fixe ses limites, la force reste faible ; or ce principe puissant et doux se trouve à la confession des SS. Apôtres, et le feu qui éclaire les rois sans brûler les peuples s'allume aux cierges de l'autel.

Il y pensait sans doute, le pontife très doux lui-même, comme les vieillards qui ont heurté le pied aux cailloux de la vie, très compatissant comme les corps débiles dont la souffrance sait deviner jusqu'à l'angoisse des âmes, et qui voulait guérir la société malade avec autant de persévérance paternelle qu'il mettait de résignation chrétienne dans l'abandon d'une santé qu'il savait compromise à jamais. — Et il ouvrait les mains toutes grandes, le cœur plus large encore aux blessés du monde et des révolutions.

CHAPITRE II

LES PÈLERINS

Sans rappeler les multitudes des jours passés, les pèlerins accouraient en grand nombre. Les deux premiers arrivants furent deux Françaises, deux pauvres femmes de Montpellier, et leur bonne volonté avait été mise à une fâcheuse épreuve.

Douaniers et carabiniers veillaient aux frontières des petits états italiens : quand les voyageuses arrivèrent à Porto-San-Maurizio, sur la rivière de Gênes, entre San-Remo et Oneglia, des gendarmes piémontais s'avisèrent de les arrêter. Mais elles étaient bien en règle : un passeport du maire, une permission de l'évêque. De Turin, le ministre ordonna de les relâcher ; l'affaire, toute modeste, avait fait du bruit, elle créait un précédent regrettable, capable d'alarmer et tout à fait maladroit. Pour réparer le zèle intempestif de ses agents, le gouvernement piémontais escorta et défraya pendant tout leur passage sur son territoire ces braves paysannes, fort surprises d'événements si contradictoires, plus encore pour les honneurs que pour les sévérités. Afin que leur mésaventure heureuse fût complète, une fois à Rome, on les logea gratuitement dans un établissement français. Le fait, tout infime qu'il pût paraître, était significatif : le mauvais vouloir des couronnes y éclate en plein. Le grand-duc de Toscane s'était avisé de ressusciter une vieille défense de Léopold II en 1775 : interdiction de porter l'habit de pèlerin dans ses états. Il fallait franchir une sorte de ligne de blocus : un officier de marine venant de Bordeaux fut arrêté par la police et il dut éviter les grandes villes pour pouvoir gagner les États de l'Église (1).

Les difficultés matérielles du voyage s'ajoutaient aux embarras suscités par les gouvernements. Le trajet demeurait long et coûteux, toutes les routes n'étaient pas sûres, l'habitude du déplacement n'était pas dans les mœurs, et si les grandes catastrophes qui ensanglantent périodiquement nos chemins de fer se trouvaient, par la grâce du Ciel, inconnues, on racontait mille dangers de diligences brisées, de chaises de poste en détresse.

De tout ceci il résultait que l'année 1825 commençait sans amener encore sur les bords du Tibre ces foules que les marchands romains avaient escomptées. La malveillance aiguisa ses flèches : dédaigneuse et dénigrante, la colonie anglaise, hôtesse familière des tranquilles hivers de Rome, anima l'opinion ; elle blâma le Jubilé, critiqua les mesures prises, et, dans sa déception de voir ses amusements profanes supprimés par des cérémonies pieuses, elle ameuta contre le Vatican les petits boutiquiers qui pleuraient aussi le carnaval. Ces murmures se firent un instant si violents que le Saint-Père s'en montra affecté. C'était froisser son cœur de père et sa sagesse de souverain, au moment où sa prévoyance abolissait les droits d'octroi pour les marchandises courantes. L'événement lui donna pleinement raison ; les fonds romains montèrent aussitôt : ils furent en janvier à 93 francs sur les places d'Europe et atteignirent bientôt le pair (2).

Il en est des Jubilés comme des Conciles, après cette première phase d'émotion et de trouble, le bruit tomba et tout marcha au mieux. Les visiteurs étaient encore clairsemés, ils appartenaient aux plus

(1) *Rome*, vol. 959, folio 51.

(2) Dépêche du duc de Laval, 29 janvier 1825.

hautes classes. Il faut mettre en tête par son rang,
et parce qu'elle arriva dès le mois de décembre 1824,
la reine douairière de Sardaigne et ses filles, son
gendre, le duc de Lucques, que nous avons vus sous
le portique de Saint-Pierre.

La société parisienne était représentée par l'abbé
de Rohan, grand seigneur et saint prêtre, le baron
et la baronne de Montmorency, la comtesse d'Haute-
fort, le marquis et la marquise de Boissy (Mlle d'A-
ligre), le marquis et la marquis d'Anjorrant, le
chevalier de Pinieu;... pour ceux que je cite je
n'oserais dire que ceux que je passe sont « des
meilleurs », mais j'en passe. — Mme Récamier,
suivie du fidèle Ballanche, s'était installée dans
le palais Sciarra, au Corso, et son salon, où fréquen-
taient les colonies française et russe, offrait au
duc de Laval un terrain commode et moins diplomatique que l'ambassade. — On s'étonnait seulement de l'absence de Mathieu de Montmorency,
retenu à Paris par « la tendresse déraisonnable
et personnelle de sa mère » (1), la vicomtesse de
Laval ; et lui-même sentait combien sa place de
chrétien eût été à Rome en un pareil moment ;
il tâchait de s'en consoler en se faisant envoyer
par son cousin Adrien les livres de prières et
d'exercices du Jubilé (2). — Parmi les assidus de
ce salon français il fallait compter la duchesse Paul
de Noailles (Mlle de Mortemart) et son jeune mari
que Mme Récamier appelait son *dernier* ami.

(1) Lettre du duc de Doudeauville à Mme Récamier (26 octobre 1824).

(2) « L'image de Rome et la vôtre surtout, et cette Année
sainte, qui n'était pas assez mon motif, pour que j'aie mérité que
la bonne Providence écartât les obstacles que j'avais toujours
prévus, tout cela m'apparaît sans cesse. Plaignez-moi ». (Mathieu
de Montmorency à Mme Récamier. La Vallée aux loups, 15 septembre 1824).

Se rendant à Naples, le duc de Blacas s'arrêta à Rome, et eut au Vatican une audience particulière. Le comte Raymond de Ségur, le petit-fils du pair de France, marié à Sophie Rostopchine, était là aussi. Et encore les Nesselrode ; et comme le trait d'union le plus charmant de cette société charmante, Mme Swetchine dont le grand cœur goûtait toutes les délicatesses et admirait toutes les beautés.

On remarqua le capitaine et les officiers de la *Pomone*, corvette française qui croisait dans les eaux de Civita-Vecchia ; le duc de Laval les présenta au Souverain Pontife, et ils emportèrent sa bénédiction, des camées et des chapelets. Deux grands savants, l'un déjà célèbre, l'autre à la veille de le devenir se rencontrèrent aux pieds du Saint-Père : Biot et Champollion.

Notons pour l'Angleterre : le comte Charles Acton, depuis cardinal ; pour l'Allemagne : le prince Henri de Prusse, le prince héréditaire de Schwarzemberg, le duc Auguste de Wurtemberg, le grand-duc de Mecklembourg. — Le marquis Viglieri, de Turin, se loge par humilité à l'hôpital ; et le secrétaire du duc de Modène, venu à pied, veut par la même raison habiter l'hospice de la Trinité des pèlerins.

L'animation se répandait partout : les ambassadeurs avaient fort à faire pour trouver et retenir des logements à l'élite de leurs nationaux, et les gens du monde, qui formaient la grande partie de ces premiers dévots en quête d'indulgences, manifestaient leur piété par leur charité envers les pauvres. Les grandes dames de l'aristocratie romaine hébergeaient, nourrissaient, lavaient de leurs mains les pieds des paysans accourus aux basiliques ; sous l'habit des Frères Hospitaliers, le duc de Lucques soignait les malades, les infirmes ; et sa sœur Doña Luisa apportait les plats sur la table des réfectoires des femmes. A l'hôpital des pèlerins où les voyageurs se comptaient par centaines, la princesse Doria-Pamphili dirigeait la confrérie des dames ; à la tête de l'association des hommes, les princes Barberini et Ruspoli.

Léon XII, dont la sobriété faisait le désespoir de son cuisinier, et qui avait l'habitude de recevoir chaque jour au Vatican douze pauvres pour manger le repas qu'il ne prenait pas lui-même, — Léon XII, pendant tout le Jubilé, voulut que ses convives fussent douze étrangers, et souvent il se plaisait à les servir en personne. Cent cinquante habitants de son pays natal, la Genga, hommes et femmes, vinrent pour les fêtes ; il les fit habiller à ses frais et défrayer de tout pendant leur séjour ; à leur départ, il était malade, on le porta à sa fenêtre pour qu'il pût les voir et les bénir (1). Sa générosité se faisait plus large que ses ressources ; son trésorier disait à notre premier secrétaire : « Pour les pèlerins le Pape donnera tout ; il ne veut rien demander à aucun gouvernement ; on vendra plutôt l'argenterie des églises. » Et sous l'impulsion de cette charité, il prétendait que l'Année sainte, époque de bénédictions et de grâces, se fît sentir aux plus misérables : il visitait les prisons, encourageait à la résignation les détenus, adoucissait leur condition, ouvrait s'il était possible la porte de leur cellule. Ou bien il se rendait chez les cardinaux malades, les fortifiant de sa présence et de son exemple. Le peuple romain acclamait son pontife : chacune de ses sorties était marquée d'une ovation spontanée et filiale.

La réserve, fait de son caractère et de sa santé, avait jusqu'alors voilé ses mérites, et la sympathie populaire avait attendu près de deux années pour se

(1) *Rome*, vol. 959, folio 277.

livrer. Maintenant elle éclatait bruyamment ; une effusion du cœur resserrait les liens de Rome avec le chef de la catholicité qui lui était aussi un roi bienfaisant. On l'avait admiré entrant nu-pieds dans les églises, on l'applaudissait s'il sortait en cortège de grand gala ; car les Romains aiment la pompe, et à la première nouvelle, sur le passage la foule se précipitait : les petits enfants en allégresse, les femmes à genoux, les hommes inclinés, bonnet en main, regardant de tous leurs yeux, criant de toute leur bouche : *Ecco ! Ecco ! !...* Les voici, en effet, selon leur rang :

La voiture de Mgr le Sacriste et du *Floriere*, un piquet de dragons, un piquet de gendarmes, le grand aumônier, l'écuyer en chef, les caudataires des cardinaux, la voiture de l'échanson, la garde palatine, un escadron de la garde-noble, les palefreniers dans leur large manteau rouge — *Viva ! Viva ! !* Voici les Suisses ! Derrière eux, les chevaux caparaçonnés du carrosse de glaces. *Viva el Papa ! Viva el Santo Padre !*

Voici les écuyers ; un escadron encore des gardes nobles....... mais l'on ne regarde plus rien : Sa Sainteté est passée.

Et cependant le cortège fait toujours bonne figure : Mgr le majordome, Mgr le maître de chambre, et la voiture des caudataires, et celles des gentilshommes, des maîtres d'hôtel, des familiers secrets, un, deux, trois, quatre, cinq carrosses, et d'autres piquets de dragons. Mais le Pape est loin, la vision est évanouie ! — Derrière tout équipage la poussière s'élève, parfois elle est sèche, lourde, épaisse, elle aveugle le passant, elle couvre de poudre le malheureux. Ici dans l'auréole impalpable et diaphane la réalité apparaît juste assez pour augmenter la foi du croyant ravi ; comme à la fin d'une journée d'été, dans la pourpre du soir, les libellules révèlent les jeux de la lumière en traversant d'une aile transparente les rayons dorés.

Pour apprécier Léon XII, il était nécessaire d'écarter un peu l'écorce de ce grand corps au maintien grave : et lui-même constatait, — une conversation avec Chateaubriand en témoigne, — que le simple spectacle des États romains dissipait les préjugés : « Les protestants arrivent ici avec les plus étranges notions sur le Pape et la papauté, sur le fanatisme du clergé, sur l'esclavage du peuple dans ce pays : ils n'y ont pas séjourné deux mois qu'ils sont tout changés. Ils voient que je ne suis qu'un évêque comme un autre évêque, que le clergé romain n'est ni ignorant, ni persécuteur, et que mes sujets ne sont pas des bêtes de somme » (1).

Dans cette bonne volonté réciproque, la police de la ville devenait facile : A Rome, les *Sbires* eux-mêmes ont du tact (2). Les mesures étaient sages et non vexatoires : chaque arrivant remettait son passeport aux bureaux de Monte-Citorio, indiquait son habitation et recevait une carte de séjour. L'ambassade examinait le passeport et dans les vingt-quatre heures renvoyait à la police une note où l'on évitait, pour n'effaroucher personne, de prononcer le mot de « pèlerin ». La conduite de ces nombreux étrangers demeurait fort paisible, et il n'était vraiment pas nécessaire, comme cela avait eu lieu au xviie siècle,

(1) *Mémoires d'outre-tombe.*

(2) « Nulle part la police n'a plus d'égards pour les étrangers. (C'est le chevalier Artaud qui parle, témoin bien placé pour voir et savoir.) Personne n'est plus discret, plus poli, plus déférent qu'un agent de police romain. On dit que chez le père commun des fidèles, tout le monde est chez soi ; il faut dire davantage même, les *frères séparés*, qui ne sont pas toujours justes, et qui n'apprécient pas assez cette délicatesse, sont aussi chez eux et jouissent de cette liberté, malgré toutes les bizarreries d'exigences, de coutumes, qu'ils apportent dans les états d'un prince qui, au fait, est aussi souverain chez lui que le peut être ailleurs tout autre monarque quelconque le plus jaloux de son pouvoir. »

d'établir en permanence sur la place Saint-Pierre le chef des sbires, le *bargello*, avec une troupe de soldats, pour finir les querelles par une sentence sommaire. Grande, la foule n'était pas innombrable ; il ne s'agissait plus d'établir au milieu du pont Saint-Ange, pour le courant de ceux qui montaient et descendaient, ces cloisons de bois qui avaient frappé Dante au Jubilé de Boniface VIII (1). On n'eut pas non plus à déplorer d'accident comme cet écrasement de deux cents pèlerins jetés hors des parapets dans le Tibre, sous Nicolas V. Il n'y avait pas moins de cinq, six et même sept mille pénitents logés en permanence au grand hospice de la Trinité ; beaucoup d'autres couchaient sur le parvis et les marches de Saint-Pierre et, le soir, des bivouacs s'organisaient sur les degrés des églises.

« La dévotion est très remarquable. Dans les principales rues on ne voit que processions se croiser, chantant des hymnes. Ces pieux voyageurs portent une pèlerine de toile cirée de diverses couleurs, le chapelet, le bourdon, la calebasse ; on doit dire à la louange de toute cette multitude qu'elle est parfaitement édifiante et qu'elle n'a commis aucune espèce de désordre » (2).

Quel fut le nombre de ces pèlerins ? C'est peut-être le moment de poser la question. Malaisément, on y répondrait d'une façon tout à fait exacte. Les dépêches des ambassadeurs diffèrent ; Moroni (3)

____

(1)   Come I Roman per l'esercito molto
L'anno des Giubbileo, su per lo ponte
Hanno a passar la gente modo tolto
Che dall'un lato tutti hanno la fronte
Verso'l castello e vanno a san Pietro :
Dall'altra sponda vanno verso'lmonte.
                              Inferno, Chant XVIII.

(2) Le duc de Laval au baron de Damas, 1er juin 1825. *Rome,* vol. 959, folio 167.

(3) *Dizionario di erudizione ecclesiastica.*

donne un chiffre très précis : 376.365, dont 91.157
à la Trinité. Cette archiconfrérie, fondée en 1518,
rendit des services inappréciables ; Fortini relève
fidèlement chaque mois le nombre de ses hôtes.
D'après des listes du temps, il y en eut jusqu'à 41.000
au moment de la Semaine Sainte et le total général
dépasserait 200.000 ; il fallait les répartir dans
d'autres locaux, à la Minerve, Saint-Calixte, Saint-
André, Saint-Chrysogone (1). Dans la *Gazette Universelle* du 26 février 1826, j'ai trouvé une évalua-
tion moins élevée : 90.433, et je la relate parce
qu'elle établit par pays un assez curieux décompte ;
il vaut ce qu'il vaut (2). — Quelles proportions à
retourner aujourd'hui, pour la France notamment !
Ce tableau ne servira que d'indication, car ces
3 Chaldéens, ces 2 Levantins et cet unique Portugais
laissent un peu rêveur.

Quand elle n'était pas aux basiliques, l'affluence
se portait au Corso. A la fin de chaque après-midi,
les voitures montaient et descendaient au pas cette
immense ligne droite, et de chacune des petites rues
adjacentes jaillissaient des groupes de promeneurs
pour renouveler le sang de cette longue artère trop
étroite. La vague humaine roulait lentement de la
place de Venise à la place du Peuple et, au milieu de
son cours, bouillonnait en remous tumultueux autour de la colonne Antonine, semblable à ces creux
que rencontrent les torrents où ils s'ébrouent dans
l'écume, qu'ils creusent et abandonnent pour aller

(1) Janvier, 135 ; mars, 7.560 ; avril, 13.211 ; mai, 41.583 ; juin,
33.618 ; juillet, 5.105 ; août, 4.817 ; septembre, 27.913 ; octobre,
21.465 ; novembre, 39.205 ; décembre, 25.091.

(2) Etats Romains, 18.957 ; Deux-Siciles, 11.973 : Toscane, 9.671 ;
Piémont, 6.782 ; Lucques, 4.152 ; Modène, 3.169 ; Suisse, 1.135 ;
Bavière, 1.021 ; Hollande, 196 ; Belgique, 119 ; Prusse, 130 ; France,
122 ; Saxe, 101 ; Suède, 30 ; Pologne, 25 ; Autriche, 20 ; Espagne,
15 ; Hanovre, 12 ; Danemark, 8 ; Russie, 8 ; Chaldée, 3 ; Grèce, 3 ;
Irlande, 2 ; Levant, 2 ; Portugal, 1.

plus loin, en laissant derrière leur flot gazouilleur
une nappe dormante. Les petites échopes en plein
vent, les cuisines populaires, le grésillement des
fritures, la couleur éclatante des piments, les *fias-
chi* aux panses énormes encerclées d'osier, les cor-
sets noirs sur les jupes rouges, les chapeaux
pointus aux rubans verts, les buffleteries blanches
et la cocarde jaune des gendarmes, les lanternes
multicolores, l'appel des cochers, le nasillement des
cornemuses, le cri des gamins, le bourdonnement
monotone des mendiants, étourdissent l'esprit, le
balancent et l'endorment dans une cantilène péné-
trante et confuse.

Derrière les tréteaux des marchands de chapelets
et d'images bénites qu'entoure la foule immobile des
petites gens extasiés, les personnes de distinction
se frayent avec peine un passage pour entrer dans
la boutique des sculpteurs où s'achètent les mosaï-
ques, les colliers de corail, les médailles et les réduc-
tions en marbre jaune du péristyle du Temple de la
Fortune et des trois colonnes corinthiennes de
Jupiter Stator.

Le dimanche, la foule est plus compacte encore,
et les beaux offices de San-Carlo al Corso et de
Saint-Marcel l'y retiennent. Le vendredi, elle est
moindre, car c'est le jour des cérémonies du chemin
de la croix au Colisée. Vers trois heures, les pèlerins
du monde entier s'y donnent rendez-vous.

Il y a soixante-quinze ans, précisément au Jubilé
de Benoît XIV, que le bienheureux saint Léonard de
Port-Maurice a fondé deux confréries d'hommes et
de femmes pour venir confondre dans leur adoration,
au lieu même où le paganisme a immolé tant de mar-
tyrs, le sacrifice sanglant du Maître et des disciples.
Les 14 stations de la voie douloureuse se dressent sur
les gradins où la populace, les chevaliers, les Vestales

et César ont si longtemps, pour leur plaisir, présidé
aux égorgements. Pour la piété c'est une impression poignante de se joindre à ces pénitents, précé-
dés d'une grande croix de bois, portée par un cardinal revêtu d'un cilice, et d'alterner les hymnes de
la supplication aux cantiques d'actions de grâce.
Quel décor que ce Forum, ce Capitole et ce Colisée
pour évoquer la brutalité de la toute-puissance
humaine et le triomphe de la plus faible vertu. Et
sur ce Palatin dont les ruines mêmes ont péri,
repose aujourd'hui, victorieux, le pauvre capucin
plus vénéré dans sa bure grossière que ne le furent
jamais dans leur pourpre les Antonins.

CHAPITRE III

LES DIPLOMATES — FAVEUR A LA FRANCE
LA FÊTE DE LA VILLA MÉDICIS

Tout, dans la Ville éternelle, offre donc l'image de la grande fraternité catholique ; les races, les rangs, les fortunes se mêlent, se confondent, s'unissent, et le corps diplomatique, représentant officiel de cette multiplicité de nations, apporte par courtoisie et politesse sa part d'agrément extérieur dans l'allégresse commune. La bonne humeur est revenue chez ces diplomates un peu revêches qui avaient si mal auguré du Jubilé.

Le ministre de Prusse, le savant baron de Bunsen, était un érudit trop compétent pour ne pas se laisser gagner au charme de Rome, et de fait il y demeura vingt ans avant d'écrire ses livres sur les premiers siècles de l'Église. — Bibliophile, amateur de science, accueillant aux étrangers et aux lettrés dans ses appartements du palais Pamphili à la place Navone, le chevalier Italensky, envoyé du Tsar, en rendant pleine justice à la sagesse du Saint-Siège, avait moins subi l'influence de son secrétaire de légation, le comte Kosakowski, catholique et Polonais, qu'adopté les conclusions de sa propre expérience. — C'était encore un amateur des arts (la musique était sa muse favorite) que M. l'ambassadeur de Portugal, le marquis de Funchal. Ses beaux concerts aidaient sans doute à oublier le maître de maison que Chauteaubriand nous décrit : « Ragotin, agité, grimacier, vert comme un singe du Brésil, jaune comme une orange de Lisbonne. »

Le comte de Reinhold, représentant des Pays-Bas, n'avait guère mot à dire : les relations un peu tendues avec un pays hérétique allaient cependant s'humaniser bientôt, et Guillaume II en donnerait alors le témoignage par un présent de cinquante mille francs à la basilique de Saint-Paul. On trouverait la même expression de détente avec le cabinet de Vienne, puisque M. de Genotte, l'homme qui avait reçu pour mission de « plaire », sans y parvenir suffisamment, apportait, lui aussi, l'offrande de l'Autriche : trente-trois mille écus romains.

L'Angleterre était alors dans l'enfantement du bill d'émancipation de ses enfants catholiques, et cette espérance rendait assez avantageuse à Rome la situation de ses consuls généraux, MM. Freeborn et Parke. La colonie britannique d'ailleurs se trouvait nombreuse au temps de l'hiver, et un grand mouvement d'étrangers riches, sinon très dévots, se manifestait là. Lord Harrowsby, président du Conseil des ministres, vint en Italie. Le duc de Laval lui ménagea avec le cardinal secrétaire d'État un entretien dont le diplomate anglais se retira très satisfait. La conciliation des formes, jointe à la fermeté des doctrines avait vivement éclairé le sens droit de ce protestant.

L'Espagne n'occupait pas sans doute la place qu'aurait dû tenir l'ambassade de S. M. Catholique. C'est que le titulaire, le marquis de la Constance, venait de mourir ; son remplaçant était son beau-fils, M. de Villena, simple chargé d'affaires. Il devait cette faveur à ce qu'après la mort de son beau-père il avait envoyé à Madrid, cachetées soigneusement, les lettres intimes de Ferdinand VII à son représentant, et, trait plus apprécié encore, celles de don Carlos. Au reste, d'esprit délié, sympathique, ouvert, et très ami de la France où il avait été élevé,

marié à la fille d'un ancien ministre de Danemark
à Paris, M. de Villena appartenait à l'élite du monde
cosmopolite par sa famille, ses relations, ses habitu-
des, et c'était un fort galant homme réputé tel. Les
salons de la *Piazza di Spagna* n'étaient donc pas
un élégant rendez-vous de conversation à dédaigner.

Il y avait bien un nuage, un gros nuage : les
colonies d'Amérique se trouvaient en pleine sépara-
tion d'avec Madrid. Depuis quinze ans, elles s'admi-
nistraient elles-mêmes, et maintenant entendaient
avoir leur représentation personnelle auprès du
Saint-Siège. « Ce sont des révoltés, s'exclamait le
gouvernement espagnol, et le Saint-Père ne peut les
reconnaître. »

La Curie répondait, avec une fermeté paisible,
que les populations étaient exclusivement catholiques, que la révolution les privait de pasteurs,
puisque la métropole n'en voulait plus désigner,
qu'avec instance elles demandaient des évêques et
que Rome ne pouvait laisser sans réponse de
semblables sollicitations. Et les événements, le temps,
les hommes donnaient chaque jour un peu plus
raison à la patience dans le passé, à la prévoyance
pour l'avenir du Vatican. Cette conduite alarmait
M. de Villena, et par contre, remplissait d'aise don
Ignacio Texada, l'envoyé de Colombie, venu
pour assurer Léon XII de la vénération de ses com-
patriotes et régler avec lui leurs besoins religieux.

Les divers États italiens de second rang ne me-
naient grand train ni grand bruit. Leurs chargés
d'affaires n'auraient-ils pas posé à leur insu devant
la toile de Chateaubriand pour que ce maître peintre vienne portraiturer « de petits finauds de ministres de divers petits États dont l'importance boutonnée,
gourmée, silencieuse, marche les jambes serrées, à
pas étroits, l'air prête à crever de secrets qu'elle

ignore » (1). — Le marquis Croza di Vergagni pour la Sardaigne aurait fait exception ; il se contentait de placer sa barque dans le sillage du vaisseau de la France.

Naples paraissait avoir désarmé, et sa volte-face était encore une victoire pour le calme sagace de la Curie romaine. M. de Fuscaldo pouvait-il bouder davantage ? Les catholiques des Deux-Siciles formaient de beaucoup le plus nombreux contingent de pèlerins, et si cette démonstration populaire ne suffisait pas pour fermer la bouche d'un personnage peu habitué à tenir compte de suffrages si inférieurs, quelles objections dédaigneuses pouvait encore colporter dans les salons du beau monde cet ambassadeur qui voyait son propre souverain arriver dévotement à Rome ? De tous les princes européens, de ceux du moins qui occupaient un rang parmi les grandes puissances, François de Bourbon fut le seul à se rendre au tombeau des Apôtres ; il représente l'Europe monarchique au Jubilé de 1825. Il y a là matière à philosopher. Les rois, en ce commencement du xixᵉ siècle sont très oublieux, ou très oubliés ; leur absence ne marque plus un vide dans le cours des choses, et s'ils apparaissent, c'est pour ne garder plus qu'une préséance d'étiquette, l'influence morale du grand exemple a disparu.

Le vieux souverain napolitain Ferdinand était mort subitement au commencement de janvier ; son fils François Iᵉʳ sortait de son deuil pour venir à Rome ; Léon XII voulut l'accueillir en prince chrétien frappé dans ses affections, et que tout prétexte à discussion, tout motif de gêne fussent bannis ; on omit donc avec soin cette fameuse question de la *haquenée*, marque d'investiture du royaume de

____

(1) *Mémoires d'outre-tombe.*

Sicile contre l'oubli de laquelle Pie VII et son successeur avaient solennellement protesté. Il n'y avait plus à Rome qu'un roi venant accomplir ses dévotions.

Il logea au palais Farnèse ; le 12 avril, il avait fait son entrée accompagné de la reine, et de son frère le prince de Salerne. Le soir, à l'*Ave Maria*, tous se rendirent au Vatican, suivis des chambellans et des ministres Medici et Ruffo. Le 14, une illumination, dont la fameuse *Girandola*, aux terrasses de la tour du fort Saint-Ange, leur fit honneur et sans doute plaisir. Deux jours après, les visites jubilaires accomplies, le roi et la reine communièrent des mains de Sa Sainteté qui voulut les faire asseoir à sa table. Il n'en fut rien de plus pour ce voyage.

Les grandes faveurs allaient à la France, et de fait, son titre de Fille aînée de l'Église semblait aux yeux du Saint-Siège tout à fait justifié. En se faisant sacrer à Reims, Charles X manifestait des sentiments religieux que Rome ne pouvait qu'apprécier et bénir.

Le clergé français paraissait relever les ruines de la tourmente révolutionnaire, la sécurité intérieure, la prospérité matérielle, la gloire des armes, l'apaisement des esprits en face d'un prince nouveau dont la grâce venait de conquérir l'opinion, le mouvement des lettres et des arts dont nulle société ne donnait un pareil exemple, une sécurité financière égale au prestige de notre diplomatie, tout justifiait la remarque de Stendhal, — peu suspect vraiment :
— « Il faudra peut-être des siècles à la plupart des peuples de l'Europe pour atteindre au degré de bonheur dont la France jouit sous le règne de Charles X » (1).

____

(1) *Promenades dans Rome*. 1re Série, page 27 (1835).

La *Rose d'or* ointe, encensée, parfumée et bénite par le Pape, est la plus enviée des distinctions qui se puissent offrir aux princesses. En 1819, l'impératrice d'Autriche étant à Rome, Pie VII lui avait fait ce cadeau. Depuis lors, le don n'avait été renouvelé à personne. Léon XII avait d'abord songé à l'envoyer à la duchesse d'Angoulême ; la reine de Sardaigne, présente aux fêtes du Jubilé, s'attendait à en être honorée ; elle laissa percer son désir et fit manifester son espérance ; hôtesse de la ville, on ne pouvait plus guère lui infliger une déception, et, à la Semaine Sainte, un camérier lui porta en pompe le présent : la grosse rose effeuillée d'or massif, entourée de douze petites roses du même métal précieux. C'était au reste une très pieuse princesse bien digne de cet honneur, et fort dévouée au Saint-Siège. Quand elle repartit pour Gênes (11 mai), le Pape se rendit de sa personne à la villa Massimo, prè des Thermes de Dioclétien, lui souhaiter un heureux voyage. Une heure après, la reine se présentait au Vatican, surprenait à son tour Sa Sainteté pour la remercier de ses attentions hospitalières.

Léon XII accommoda toutes choses en destinant à la Dauphine le marteau d'argent employé à l'ouverture de la Porte Sainte, à la duchesse de Berry des médailles d'or et des camées, au duc d'Angoulême le *Berettone* et le *Stocco* bénits la nuit de Noël, c'est-à-dire le bonnet de velours orné de perles, et l'épée « en forme chevaleresque et héroïque » (pour prendre l'expression pompeuse de M. de Laval) que le Saint-Siège donne à des princes victorieux. Le duc d'Angoulême trouva, paraît-il, ces objets pesants et sans grâce, et son entourage se permit de plaisanter ces présents. N'était-elle pas, en effet, bien lourde pour ce très médiocre « généralissimo » l'épée confiée jadis aux mains de don Juan d'Autriche ?

Léon XII n'ignora pas la raillerie et en fut blessé. En toute rencontre il saisissait cependant l'occasion de manifester ses attentions pour la famille royale : il voulut présider le service funèbre de Louis XVIII dans la Sixtine et donner l'absoute (1). Au *Te Deum* pour le sacre de Charles X, il vint à Saint-Louis-des-Français surprendre et charmer par sa présence inattendue l'ambassadeur ; le bon Adrien de Montmorency courut à la portière : *versando lagrime di tenerezza.* (2)

Sa Sainteté s'intéressait aux moindres détails de l'ambassade française et se plaisait à en complimenter le duc de Laval. Elle faisait profession de tenir les intérêts de Rome et de la France pour indissolubles, écoutant avec complaisance un de nos diplomates lui parler des deux souverainetés comme de « deux sœurs qui doivent se donner la main. » Elle pourvoyait avec beaucoup d'attention aux nombreuses vacances de nos sièges épiscopaux : Rennes, Beauvais, Soissons, Carcassonne, Limoges et Tulle à MM. de Lesquen, Feutrier, de Simony, de Gualy, de Tournefort, de Mailhet. Elle accordait le *pallium*, non seulement à Mgr de Villèle, archevêque de Bourges, mais aussi à Mgr de Montblanc, coadjuteur de Lyon, et cette dernière faveur avait un sens marqué pour la monarchie : le *pallium* est un signe de juridiction, en revêtir le coadjuteur du diocèse, c'était infirmer discrètement les prétentions du cardinal Fesch, titulaire opiniâtre du siège. Enfin Sa Sainteté nous faisait de nouvelles places

(1) Ce service eut lieu le 21 mars, en présence de la reine de Sardaigne, des princes de Lucques et de tout le corps diplomatique, excepté la Russie « qui paraît déterminée à ne plus aller à aucune fonction de l'Église catholique », écrivait Laval. Le cardinal de Grégorio officiait, Mgr Viviani prononça l'oraison funèbre.

(2) Egidio Fortini, *Memorie dell'Anno Santo.*

dans le sacré collège. La France ne possédait
à la fin de 1824 que deux cardinaux, tous deux fort
âgés, Mgr de Clermont-Tonnerre et Mgr de la Fare.
Le duc de Blacas avait été chargé de demander
deux chapeaux pour Mgr de Croy, grand aumônier,
et Mgr de Latil, archevêque de Reims. Tout en
favorisant la France, le Pape avait voulu atténuer
la susceptibilité des autres couronnes. Il autorisait
Mgr de Latil à prendre, pour le sacre du Roi, les
insignes cardinalices avant une promotion régulière.

Et dans le consistoire du 21 mars 1825, il annon-
çait donner la pourpre à Mgr de Croy. Les propo-
sitions datant de Louis XVIII, « ma fortune est
grande, disait gracieusement Sa Sainteté, de pouvoir faire dans une seule action quelque chose
d'agréable à deux rois de France ». (1)

Ce fut une grande victoire au palais Colonna, un
recivimento de gala et des illuminations manifes-
tèrent, comme il se fait en pareil cas, le triomphe
d'une longue négociation où le bon vouloir du Pape
et du cardinal della Somaglia s'était accentué en
faveur de notre pays. Charles X aima à le reconnaître par des gracieusetés réciproques ; le roi de
France est chanoine du Latran ; lorsque les guerres
de religion eurent fait perdre à la basilique les béné-
fices que du fait des Valois elle possédait en France,
Henri IV à ses confrères fit don de l'abbaye de Clai-
rac ; Louis XV ajouta trois prieurés ; à son tour la
Révolution enleva ces biens ; au retour des Bour-
bons les chanoines sollicitèrent une compensation
de leurs anciens avantages. Charles X ne voulut pas
manquer de bonne grâce et affaiblir le côté pratique
de l'influence française ; dès la première année de
son règne il répartit une pension de 3.546 piastres,

____

(1) *Rome*, vol. 953, pièce 137.

soit 24.000 francs par an ; et cette manne royale valut un redoublement de prières en même temps que les plus chaleureux remerciements.

Sa Majesté s'attira une nouvelle reconnaissance du Saint-Siège en assurant diplomatiquement auprès de la Porte les antiques droits des Pères de Terre-Sainte ; et comme Charles X n'ignorait pas qu'avec le turc, la meilleure sauvegarde est celle de la force, lorsque les pirates d'Algérie vinrent molester les environs de Civita-Vecchia, il fit sortir de Toulon notre escadre pour protéger contre les barbaresques le pavillon pontifical et le commerce des sujets romains. Léon XII en fut très touché ; ce sentiment ne fut pas étranger à l'obtention si prompte du second chapeau.

Quand deux gouvernements rivalisent de gracieuseté, le rôle de leurs représentants est fort agréable. Cette fortune était celle du duc de Laval. Le calme et maladif Léon XII n'est pas rangé parmi les plus considérables des successeurs de saint Pierre ; Charles X possédait plus de qualités extérieures que de grandes capacités ; à ces deux monarques de très bonne moyenne un intermédiaire convenait qui sût ne pas forcer la note et s'abstînt naturellement de monter trop haut dans ses conceptions. Diplomate de plus large envergure, le duc de Laval eût fait moins bien.

Adrien de Montmorency réalisait le type du personnage de grande naissance, de manières parfaites, d'exquise urbanité, accueillant sans offrir de prise à la familiarité, capable de deviner les arts et même de les goûter, susceptible de poursuivre les vues d'une politique d'honneur, digne de représenter avec faste, peu soucieux d'une application fatigante, répugnant aux détails, se tenant satisfait de la forme des choses, surtout si elle avait bonne tournure et renfermait une déférence ou un compliment.

La Révolution avait détruit les belles charges de Cour qu'il n'eût pas manqué de remplir avec dignité. Après l'émigration, sa vie sous l'Empire fut assez fade, s'écoulant dans le cercle à la fois envié, honoré et persécuté de Mme de Staël, où jouaient un rôle plus actif son frère Eugène et son cousin Mathieu de Montmorency. Louis XVIII l'envoya comme ambassadeur à Madrid. M. de Laval fut bien aise et mieux à sa place auprès d'un Bourbon que partout ailleurs. Depuis 1822, il représentait la France à Rome; on vantait presque autant que la belle tenue de ses équipages, l'à-propos impeccable de ses actions, les nuances délicates de ses démarches. Il recevait beaucoup au palais Salviati, largement et sans morgue, étant trop quelqu'un pour avoir besoin de le faire remarquer. Volontiers il laissait sommeiller le protocole. « Quand nous oublions l'*étiquette*, disait-il en souriant, les parvenus nous la rapprennent. » — Mais à citer ses réparties, il convient de conserver le dernier mot de sa carrière diplomatique, l'histoire elle-même l'a recueilli.

C'était à Londres, au mois de mai 1830; fort irrité de l'expédition d'Alger, le ministre Aberdeen affectait de parler avec émoi d'une rupture; le duc de Laval termina ainsi l'entretien : « J'ignore, milord, ce que l'Angleterre peut espérer de la générosité de la France, mais je sais qu'elle n'en obtiendra jamais rien par des menaces ». — *Tempi passati !* — C'était vraiment un gentilhomme et il avait, comme il le disait lui-même, « des devoirs dans le sang ».

Il y aurait de l'ingratitude à oublier le plus actif de ses auxiliaires pendant cette année de Jubilé : le chevalier Artaud de Montor, agent consciencieux, en relations avec tout le monde, très respectueux des cours, très zélé au Vatican, volontiers pompeux de formes, se piquant de penser et d'écrire, et au reste pensant juste et écrivant largement. Ce galant homme, membre de quatre académies, nous a laissé de bons ouvrages sur Pie VII et Léon XII ; et on retrouve dans les cartons des affaires étrangères ses propres dépêches, bien conformes à ce qu'il a dit plus tard dans ses livres ; cet hommage était dû à sa prévoyance et à sa sincérité.

Devant les marques distinguées de la faveur accordée à la France, il convenait que l'ambassade jouât un beau rôle dans les fêtes de l'Année sainte. La circonstance du sacre de Charles X en faisait au duc de Laval une obligation plus impérieuse. Tout Rome fut en rumeur, avant, pendant et après le 19 juin, jour de cette grande réception. Elle fut donnée à la villa Médicis.

Aucun lieu ne pouvait être mieux choisi. Quelle vue n'a-t-on pas de ces balcons sur la ville quand l'œil plonge jusqu'au dôme argenté de Saint-Pierre, en reposant son vol sur les coupoles des églises et les terrasses des palais ? Il s'agissait d'organiser une réjouissance « égyptienne » (car la mode en venait alors pour détrôner les pastiches du style grec de David et les troubadours moyen âge de la reine Hortense). Tout justement se trouvait à Rome Champollion dans la verdeur de sa renommée. Avec ses conseils, les élèves de l'École des Beaux-Arts mis à sa disposition par le directeur, le peintre Guérin, préparèrent un grand obélisque aux inscriptions hiéroglyphiques dont l'illumination serait le *clou* de la fête de nuit. Deux fois le mauvais temps détruisit les préparatifs et la veille du jour fixé les débris des charpentes gisaient à terre renversés par l'orage. La consternation régnait à l'ambassade. Les élèves de l'Académie se proposaient pour réparer le dégât et refaire eux-mêmes avec leurs pinceaux la besogne de l'ouvrage des artisans. La besogne s'avançait quand un messager du Vatican vint dire le plaisir qu'éprouverait certainement le Saint-Père en pouvant contempler de ses fenêtres l'obélisque illuminé, mais un massif lui masquait la perspective. Guérin fut perplexe. Abattre les arbres ? « Que penseront les Médicis, et ce qui est bien autre, que diront les commis des bureaux ? » — Le jardinier fut plus hardi : « Abattons, Monsieur le Directeur, pour plaire au Pape et au Roi. » — Et les frondaisons tombèrent.

Le temps se montra clément. Dix mille invités gravirent les rampes du Pincio ou les marches de la Trinité des Monts. Dans la grande galerie de la villa, en face de la statue colossale de Louis XIV, les premiers virtuoses de Rome exécutèrent une cantate dirigée par le *maëstro* Cecchini. Un ballon multicolore s'éleva pour annoncer le souper, qui, servi avec profusion, dura jusqu'à l'aurore. Après le concert, la foule — une foule que composaient le patriciat romain, le corps diplomatique, la prélature, les étrangers de distinction, les artistes les plus renommés, — se promenait sous les charmilles, sous les larges allées, sur les terrasses, au milieu de rubans de lumières et de guirlandes de feux, se laissant charmer, bercer, enivrer peut-être par la voix des instruments, l'éclat des girandoles, le parfum des fleurs et l'harmonie de la nuit.

Au loin, Léon XII demeura à sa fenêtre toute la soirée. — Il avait pu contempler, se dressant comme une colonne d'or dans l'ébène des ténèbres, les faces illuminées de l'obélisque sur lesquelles on lisait en caractères mystérieux : « Charles X, enfant de la région des lys. — Seigneur trois fois gracieux ! — Léon XII toujours vivant — Par Adrien de Montmorency, aimant son Roi pour toujours. » — Sortant de leurs Pyramides les Pharaons eussent peut-être

hésité avant de reconnaître là une fête véritablement
« égyptienne », mais à des connaisseurs moins exi-
geants la réception parut admirable et dans Rome
charmée le souvenir en demeura longtemps.

L'ambassadeur n'avait eu garde d'oublier qu'on
était pendant l'Année sainte : par son ordre on porta
aux pauvres pèlerins de la Trinité, des glaces, des
sorbets et des corbeilles de gâteaux. La fête des
heureux et des riches pouvait être sans nuages
puisque la charité y avait eu sa part. L'attention
était digne d'un descendant du « premier baron
chrétien ».

En venant gagner les indulgences du Jubilé,
Mgr de Quélen, accompagné de ses vicaires généraux, deux saints prêtres, MM. Borderies et Desjar-
dins, trouvait donc les dispositions les plus gracieu-
ses ; la bienveillance du Saint-Père dépassa encore
ses prévisions. L'archevêque de Paris fut l'hôte du
Pape au palais de l'Apollinaire. Les audiences les plus
affables l'attendaient. Monseigneur parla des besoins
religieux du royaume, des difficultés vaincues, du
bien accompli, de l'opposition encore puissante.
Léon XII sembla optimiste et justifia son espérance
par un mot aimable : « *Regis ad exemplar* » (1).
L'archevêque aurait pu penser tout le premier, ce
que l'année suivante disait Lambruschini, nommé
Nonce à Paris : « En sortant des longs entretiens
que Sa Sainteté m'a accordés, il me semblait que le
Père commun des fidèles, était seulement le Pape de
la France. »

Quand Mgr de Quélen revint, après quelques
jours d'excursion à Naples, il trouva dans son ap-
partement deux petites statues de saint Pierre et
de saint Paul, présent du Pape ; et aux grandes

____

(1) *Rome*, vol. 959, folio 200.

illuminations de la Basilique, on put s'apercevoir de l'attention de Léon XII : les guirlandes de feu reproduisaient la cathédrale de Reims, où venait d'avoir lieu le sacre de Charles X. Un incident faillit détruire l'effet de cette gracieuseté très commentée. Par inadvertance son cocher avait conduit l'archevêque chez l'abbé Ferrucchi, notre agent en cour de Rome ; Monseigneur s'aperçoit de l'erreur ; il va manquer le spectacle et aux places réservées un vide lamentable fera croire à son indifférence. Le canon venait d'annoncer le commencement de l'embrasement du fort Saint-Ange ; les cardinaux attendaient, mais comment percer la foule et obtenir place dans les rues encombrées? Le Romain est fier, dans la ville du Pape il est dans la maison de son père, chez lui par conséquent, et un carrosse, fût-il de gala, ne l'émeut pas outre mesure. La police s'en mêlerait-elle, un jour de fête elle ne recueillerait que des sifflets. Les courriers aux livrées de Montmorency perdaient leurs peines, l'un d'eux pensa à crier très haut : « L'archevêque de Paris ! » — Soit singularité du cri, soit politesse pour un étranger, les gens s'écartèrent, on répéta à grand fracas : « Paris ! Paris ! » et, en un moment, à travers les rangs entr'ouverts, presque en triomphe, l'archevêque bénissant à droite, à gauche, fut porté jusqu'à la fenêtre où son fauteuil restait vide, en face du rayonnement de la brillante cathédrale du sacre. Le lendemain, le Pape ne manquait pas de demander en souriant à Monseigneur s'il était satisfait de l'empressement de son peuple.

On aime les anecdotes à Rome, celle-ci fit le tour de la ville, et c'est pourquoi je l'ai contée.

Mgr de Quélen se souvenait d'avoir été le secrétaire du cardinal Fesch ; il voulut visiter son ancien protecteur, réfugié au palais Falconieri. Cette démarche l'honore. Pensait-il pouvoir le décider à se démettre bénévolement du siége de Lyon ? Sa piété s'était-elle donné la mission d'adoucir des blessures très vives ? Sa diplomatie devait-elle calmer la rancune de l'oncle de l'Empereur ? L'entrevue ne paraît pas avoir eu d'autres suites que l'échange de condoléances et de respects. Mais c'était déjà beaucoup de l'avoir tentée.

La famille Bonaparte était encore l'objet de la suspicion des couronnes, et ceux de ses membres résidant en Italie semblaient peu faire pour calmer ces alarmes. La princesse Borghèse, la pauvre et belle Paulette, venait de s'éteindre assez misérablement dans son palais près de la Porta Pia, mais Jérôme affichait une hauteur que compensaient à peine le tact et la dignité de la princesse sa femme ; il se parait avec ostentation d'insignes royaux et venait d'acheter une propriété près de Fermo pour la seule satisfaction d'y donner des fêtes où il faisait crier bruyamment aux oreilles et au nez de la police du Pape : « Vive le roi ! » — A Florence, Louis et ses enfants, ou plutôt les enfants de Louis, se mêlaient au mouvement de la Charbonnerie.

Lucien se donnait beaucoup de mouvement près d'Ancône, le Saint-Siége affectait de l'ignorer, par mansuétude autant que par politique. Le duc de Laval partageait ces sentiments et il estimait que les Bonaparte étaient mieux en Italie que partout ailleurs, et suffisamment surveillés par leur propre agitation.

CHAPITRE IV

SAINTS ET FRANCS-MAÇONS

FERMETURE DE LA PORTE SAINTE

C'était bien la cour romaine qui s'occupait le moins de ces anciens rois, naguère l'attention, l'alarme et la colère de l'Europe. Elle était alors plus soucieuse d'élever sur les autels trois serviteurs de Dieu, et elle semblait avoir choisi les splendeurs du Jubilé pour mieux mettre en lumière l'humilité de ses nouveaux saints. Le monde était ivre de l'éloquence parlementaire et des cris de la presse ; elle lui offrait des vertus de silence et de modestie comme un exemple, en même temps qu'elle les présentait comme un réconfort aux pauvres pèlerins accourus dans ses églises en dépit des sarcasmes de l'impiété.

Ce qu'il y a de plus grand sur cette terre béatifia donc et vénéra à genoux Julien de Saint-Augustin, le frère lai des Capucins espagnols, Alphonse Rodriguez, le portier du collège des Jésuites, et Hippolyte Galantini, le maître d'école des faubourgs de Florence. *Qui habet aures audiendi audiat.* Toutes les oreilles n'étaient pas fermées : Au milieu des dévotions du Jubilé on ne citait pas un scandale, bien au contraire, on parlait de mille traits de piété et de vertu. C'était une réconciliation de famille, une restitution d'argent, un apaisement. Celui-ci abandonnait un procès, cet autre payait ses dettes, et les mains s'ouvraient plus larges pour les aumônes que Léon XII avait affectées à la reconstitution de Saint-Paul-Hors-les-Murs dévasté par l'incendie. Des protestants abjuraient, conquis par le spectacle de la charité des religieux auprès des pauvres et des malades (1). Nombre de Juifs étaient baptisés. Un des pénitenciers connut par l'aveu d'un domestique amené au Jubilé qu'à Assise un comte Paolucci, veuf et remarié, séquestrait depuis dix ans sa fille pour conserver sa fortune. La déclaration fut portée au Pape. Afin d'atténuer le scandale, le Saint-Père ne confia pas l'affaire à la police ; il envoya des agents particuliers arrêter le comte et délivrer sa fille dont le seul mot fut : « Grâce pour mon père ! » (2)

C'est un exemple pris dans la correspondance diplomatique, en voici un autre puisé à la même source : Des brigands des confins de Naples furent touchés par un missionnaire qui avait risqué sa vie pour aller leur parler des indulgences extraordinaires du Jubilé. Huit d'entre eux, et leur chef Antonio Gasparone se laissèrent persuader de se rendre à Rome pour expier leurs fautes par une punition qu'en ce temps de miséricorde le Saint-Père voudrait adoucir. Une belle fille des Abruzzes, énergique et résolue, la maîtresse de Gasparone, avait été convertie la première ; elle devint un intermédiaire éloquent ; on lui fit très régulièrement épouser son amant et le repentir leur rendit la paix de la conscience dans les cellules du fort Saint-Ange (3).

Des francs-maçons aux coupeurs de bourse, il n'y a pas si loin ; les premiers, toutefois, sont moins accessibles à la contrition. Les *Carbonari* apportèrent la seule note discordante du Jubilé. Une nuit de juin, derrière la place Saint-André *della Valle,*

---

(1) Fgld. Fortini.

(2) *Rome*, vol. 959, folio 35.

(3) *Id.*, folio 282.

on trouva un cadavre percé de coups de stylet. On reconnut un nommé Pontini, affilié à l'« Association du Pèlerin Blanc » ; il avait voulu recouvrer sa liberté. Quelle besogne lui était donc imposée, ou quel secret le liait ? Sans doute ce n'était pas une bagatelle ; ses « frères » l'avaient condamné et exécuté. Avec des péripéties émouvantes, on arrêta les assassins et 13 autres conjurés. Tous appartenaient à la classe moyenne, sauf don Luigi, des princes Spada, homme jeune, de mœurs dépravées et perdu de réputation.

Après un long procès, une sentence capitale fut portée contre le meurtrier Léonidas Montanari, et celui qui avait armé son bras, Angelo Thargini, de Brescia qui, lui, n'en était pas à ses débuts : assassin une première fois en 1819, grâcié par Pie VII, banni à Pessaro, il avait fomenté là l'insurrection. Refusant tout secours spirituel, ils montèrent sur l'échafaud en blasphémant. En vain pour ces obstinés les pieuses confréries redoublèrent leurs mortifications et leurs suffrages. La nuit qui précéda l'exécution, Léon XII l'avait passée en prières à l'intention du salut de leur âme. Targhini cria jusqu'à la fin : « Je meurs en franc-maçon et en bon carbonaro ! » Montanari, se penchant sur le cadavre de son complice ricana : « C'est une tête de pavot qui vient d'être coupée ! » En face de cette rage sans défaillance, un sentiment de tristesse et d'horreur pénétra toute la ville où de pareils scandales ne se connaissaient plus. Dans les Loges, l'intrépidité farouche d'une telle exaltation fit crier au martyre et, sur la fosse des suppliciés, de sentimentales Anglaises vinrent en cachette jeter des fleurs.

Les instances des Spada pour détourner l'infamie de leur parent indigne restèrent vaines, Don Luigi fut frappé de trois ans de réclusion. Le Saint-Siège voulut être ferme dans le principe, se réservant d'adoucir l'application ; et la Somaglia dit au duc de Laval un mot pittoresque : « *Pur certa che la sentenza in carta, quando dona esser portata all'effectivo, perdera pui che i Vales di Spagna, et i fiorini di Vienna.* — Soyez certain que la sentence en papier, quand elle devra être escomptée, perdra plus que les Vales d'Espagne et les florins de Vienne. » (1)

Notre ambassadeur avait cru devoir porter au Vatican des conseils de modération. Rien n'était plus conforme à la mansuétude de Léon XII, mais il se montra très déclaré contre les sectes, permanente menace pour la société. Il rappela, il en avait le droit, ses efforts personnels et ses lettres apostoliques du 13 mars de la présente année ; lettres prévoyantes où « vedette » avisée de la sûreté de l'Église il renouvelait les condamnations de ses prédécesseurs contre la maçonnerie. Son devoir était de parler aux Princes ; que n'ouvraient-ils les yeux au danger ? Le péril nécessitait l'entente ; n'était-il même pas trop tard ? Peut-être les avertissements parurent-ils bien rétrogrades à l'optimisme du duc de Laval ; d'autres que lui estimèrent certainement intempestive et dénuée d'habileté politique cette fermeté solitaire. Les événements ont trop prouvé depuis dans quelle bouche se trouvait la sagesse, et s'il n'était pas plus facile de prévoir que de réprimer. Mais le gouvernement pontifical n'aurait pas osé croire lui-même à la brève échéance de sa trop bonne prophétie. Léon XII avait libéré son âme : « Nous avons jeté le cri d'alarme aux Princes, et les Princes dorment encore ! Nous avons averti leurs ministres et les ministres n'ont pas veillé ! »

La maladie usait son corps et déjà dans les

(1) Dépêche du duc de Laval, 22 octobre 1825. Rome, 955, folio 321.

chancelleries se colportaient des bruits de succes-
sion, on murmurait le mot de conclave. Adrien
de Montmorency entrevoyait les éventualités, et
dans le calme de sa villa d'Albano, il se livrait à
des conjectures dont il envoyait l'écho jusqu'à Paris.
Si son culte monarchiste l'empêchait de souscrire
aux allures indépendantes du Saint-Siège, il comprenait qu'une évolution irrésistible s'accomplis-
sait dans le gouvernement pontifical se suffisant
à lui-même, et prétendant bien s'y suffire. De
leur antique protection dont ils avaient voulu
faire un joug, et qui maintenant tombait en que-
nouille, les rois n'avaient gardé que la prétention
d'ingérence dans les affaires de l'Église. L'Église n'y
souscrivait plus. (1)

L'affluence des pèlerins à elle seule aurait mis en
évidence la force secrète de l'Église et montré que
Rome était toujours le centre du catholicisme. Après
les chaleurs de l'été, les voyageurs arrivaient en
plus grand nombre que jamais. Tous n'étaient pas
amenés par la dévotion, dira-t-on. — Sans doute, et
la baronne de Feuchères, en particulier, ne prétendait, je pense, que faire un voyage d'agrément en
Italie. Elle marchait en compagnie de personnes de
la maison du duc de Bourbon : M. et Mme de Chou-
lot et le marquis de la Carte. La présence de cette
dame « de funeste mémoire », comme disait plus

(1) « Autrefois le Saint-Siège vacant était placé en quelque
sorte sous la sauvegarde des grandes puissances qui n'hésitaient
pas à lui offrir ouvertement la protection de leur influence. Je
me suis abstenu d'un langage qui ne me paraît plus approprié aux
circonstances.

« M. le comte Appony en essaya, on ne craignit pas de lui
répondre dans des termes qui témoignaient que l'on était blessé
de ses offres. C'est le fruit des temps modernes. Il y a à Rome
comme partout un sentiment de nationalité qui réclame l'indé-
pendance et reproche jusqu'à l'idée d'une protection. »
Dépêche du duc de Laval au baron de Damas. — *Chiffrée*,
30 septembre 1825. — *Rome*, vol. 959, fol. 301 et 302.

tard le bon Artaud de Montor, fit quelque scandale. Dans une tribune réservée, à Saint-Louis des Français, la comtesse Esterhazy se leva publiquement, pour ne pas demeurer à ses côtés. Mais ce ne fut qu'un incident; on rencontrait d'autres étrangers venus pour des raisons plus sérieuses et d'une réputation moins discutée. Hôte du cardinal Albani, le duc de Lucques se présentait pour la seconde fois en pèlerin. On remarquait le prince d'Anglona, le second fils de la duchesse d'Ossuna; le comte de Khevenhuller, ancien ambassadeur d'Autriche à Rome; grand nombre d'Anglais des hautes classes, le duc de Bedford, le marquis de Lansdowne, lord Holland, le duc d'Hamillon.

Également l'illustre Canning. On fut seulement surpris que pendant son séjour cet éminent politique n'ait pas cherché à voir le cardinal secrétaire d'État; ce ne pouvait être que précaution et prudence parlementaires, au moment où l'émancipation des catholiques du Royaume-Uni était en suspens, avec l'anxiété que l'on sait, devant la chambre des lords.

L'aristocratie française n'était pas moins bien représentée par le duc et la duchesse de Fitz-James, le comte et la comtesse de Sainte-Aulaire, la comtesse de Menou, le comte et la comtesse de Castellane et leur belle-fille Cornélia Greffülhe, la femme du futur maréchal; le marquis et la marquise de la Tour du Pin, le duc de Blacas et la duchesse (Mlle de Montsoreau), le marquis Eugène de Montmorency, frère du duc de Laval.

C'était bien l'élite du monde royaliste, qui instinctivement confondait avec une grande sincérité sa croyance religieuse et sa foi monarchiste; l'en blâmer eût été alors fort imprudent et fort injuste en soi. La différence des temps exige, ou permet, si l'on veut, des conduites différentes. Ceux d'entre les

catholiques qui déjà séparaient, un peu prématuré-
ment, la cause de l'Église et la cause de la légitimité,
allaient trouver, dans les Ordonnances de 1828 et
dans la Révolution de 1830, une justification à la
logique de leurs premiers soupçons. Toutefois, en
cette année de 1825, ils paraissaient peu consé-
quents avec eux-mêmes ; leur présence au Jubilé
eût été bien naturelle pour des disciples si convain-
cus des doctrines romaines, des serviteurs si enthousiastes du trône pontifical. Or ils sont absents.

Parmi cette pléiade qui va former « l'école Mennai-
sienne », si les jeunes se trouvent encore sur les
bancs du collège, un assez grand nombre possède
des loisirs et des moyens pour accourir au tombeau
des Saints Apôtres. Ils n'y sont point ; l'étonnement
est permis. L'illustre La Mennais ne vient pas en
Italie ; aurait-il déjà au fond du cœur un pressen-
timent de la sagesse déconcertante qui calmera ses
ardeurs irritées et malgré lui les voudra contenir ?
Il est certain qu'ayant fait, au mois de juin 1824, un
voyage à Rome, il n'a pas rapporté tous les encou-
ragements qu'il rêvait, ni surtout produit toute
l'impression heureuse que ses admirateurs exi-
geaient pour son mérite. Les théologiens les plus
orthodoxes de l'Italie craignaient ses doctrines et
leur expression exagérée. En le voyant séjourner à
Rome, le secrétaire d'État proposait bonnement de
lui donner un canonicat, de l'attacher à quelque
bibliothèque « comme Monsignor Maï ! » Si La Mennais l'avait appris ! Et peut-être le sut-il. Discrètement, Artaud constatait avec euphémisme que « la
grande franchise de M. de La Mennais lui nuirait,
s'il faisait un long séjour dans la Ville éternelle ».

Léon XII avait dit au cardinal Turiozi : « Écrivain
distingué, du talent, de l'instruction ; je lui crois de
la bonne foi, mais c'est un de ces amants de la per-

fectibilité qui, si on les laissait faire, bouleverse-
raient le monde » (1). — La Somaglia avait tout
résumé d'un mot, et ce mot était celui du Pape lui-
même : « C'est un *esaltato* » (2). Bref, mécontent
du Vatican où il avait été peu convié par le Pontife,
boudant l'ambassade où il refusait d'assister au
dîner en l'honneur du roi, La Mennais était parti
quelques mois avant l'ouverture du Jubilé sans
manifester le désir d'y prendre part. Et il n'était pas
revenu.

Cet état d'âme est curieux à noter, il explique
bien des choses et jette un jour nouveau sur les
positions des catholiques français dans les dernières
années de la Restauration. Combien l'élan vers
Rome était court, et combien puissantes les doctrines
gallicanes ; on ne voit pas un seul de nos évêques
faire mention du Jubilé dans ses mandements de
l'année quand tous écrivent de longues pastorales
sur le Sacre. Lorsque Mgr de Quélen s'en vint à
Rome (où aucun de ses collègues ne le suivit), les
journaux libéraux se moquèrent et les journaux
religieux donnèrent des justifications pitoyables ;
c'était un voyage de santé... à Rome, en pleine cani-
cule du mois de juillet ! Le prélat lui-même ne parla
pas ostensiblement du but de son absence ; il fit le
tour par la Suisse, alla saluer l'empereur d'Autriche
à Milan, exécuta à Naples une excursion de tou-
riste. A peine écrivit-il une lettre à ses diocésains
où il se loue d'ailleurs de sa réception et les assure
de ses prières.

Léon XII sous une grande douceur voilait une
réelle fermeté. L'absence de toute vanité personnelle
lui permettait de juger sans parti pris les hommes

(1) Dépêche d'Artaud au baron de Damas, 13 septembre 1821,
Rome, vol. 958, pièce 85.

(2) *Id.*, vol. 958, pièces 11, 64 et 85.

et dans la conscience des devoirs de sa charge il puisait la claire vue de sa décision et la force de l'exécuter. Il avait, dans les sociétés secrètes, deviné le péril des temps modernes ; son avertissement était allé aux rois, entre les mains de qui la puissance pour le bien résidait encore. Son appel fut peu entendu, son ingérence mal comprise. Toutefois avant de s'adresser à une force plus jeune, à celle des peuples, il ne voulut pas que la déception que lui causait l'apathie des couronnes portât préjudice à la mission de l'Église ; et s'il pressentit, comme il est vraisemblable, l'arrivée prochaine de la marée populaire, il n'avança pas vers elle, il n'encouragea même pas les soldats trop hâtifs qui voulaient rompre de leurs mains ces digues crevassées et vermoulues. Il ne devança pas les temps, et s'il était permis de se servir d'une expression qu'on sait n'être pas pleinement juste, on dirait que Léon XII, avec une majesté attristée, présida en ce siècle au dernier Jubilé des rois.

La santé déclinante du Pape causa en cet automne beaucoup d'alarmes. La faiblesse le condamna au repos absolu ; il ne donnait des signatures que de son lit. A l'anniversaire de son couronnement, il ne put recevoir le corps diplomatique. Son énergie l'avait conduit à réunir dans sa chambre quelques Congrégations, il apparut pâle, défait, chancelant. Enfin, au mois de novembre, une amélioration notable se produisit et la grande nouvelle réjouit Rome : le Saint-Père est hors de danger ! Il donna audience au duc de Laval et à Eugène de Montmorency, dont il se plut à louer les vertus chrétiennes. Il présida un Consistoire où les nominations de nonces et d'évêques ne nous retiendraient guère si on ne voyait désigner comme l'un des administrateurs du grand hospice Saint-Michel un jeune pré-

lat : Mgr Mastaï Feretti, qui depuis... fut Pie IX.
Le 18 décembre, il descendit à Saint-Pierre pour la
béatification du pauvre Capucin Ange d'Acri, humble missionnaire des Calabres. C'était depuis cinq
mois la première fois que son peuple le revoyait.
Mais du fond de sa cellule de malade il n'avait pas
cessé de penser à ses sujets. En face des ressources
nouvelles du Jubilé il dégrevait d'un quart l'impôt
foncier des Etats romains. Les objections n'avaient
pas fait défaut et le grand trésorier, Mgr Cristaldi,
estimait que la générosité était forte. Le Saint-Père
avait maintenu sa volonté, n'exceptant de la faveur
que les pensionnaires de sa cassette, et les Romains
habitant l'étranger, presque tous de grands seigneurs
fort riches : les Borghèse, les Rospigliosi, les Aldobrandini, les Santa-Croce. Le Souverain Pontife
n'allégeait pas seulement les charges de ses sujets,
il défendait aussi leur bourse contre des mains peu
scrupuleuses. Si sa bienveillance laissait les Juifs
vivre plus paisiblement que partout ailleurs en
Europe, au Ghetto (par ses soins assaini et embelli),
il entendait prendre des précautions à leur égard.

Un édit de novembre 1825 leur interdisait rigoureusement d'autre domicile que leur quartier habituel. En vain le banquier Rothschild, tout justement
de passage à Rome à cette époque, multipliait ses
démarches auprès de notre ambassadeur pour faire
cesser la prohibition et tomber cette gênante barrière. Le duc de Laval échouait auprès du cardinal
Della Somaglia, parce que le cardinal trouvait sur
ce point, le Saint-Père inflexible (1). Léon XII n'inclinait pas le souverain qui était en lui devant la
puissance de la finance, et le « prêteur des rois »
n'obtenait rien du Pape.

(1) *Rome*, vol. 950, folio 319.

Cette rigidité dans le devoir caractérisait chaque jour davantage le Pontife dont les forces physiques semblaient s'atténuer pour faire ressortir son énergie morale. En finissant à Rome, l'Année sainte devait commencer pour le monde entier : un acte pontifical promulgue toujours cette faveur. La cour des Tuileries s'avisa de souhaiter pour la France une Bulle spéciale où la personne de Charles X serait louée. Elle ne put l'obtenir : dans un acte s'adressant à toute la chrétienté, Rome ne saurait mentionner en particulier un monarque. L'ambassadeur émit alors la prétention d'avoir communication préalable du document rédigé par la secrétairerie d'Etat. Le refus s'imposait, car le Vatican devait être blessé d'une suspicion gratuite ; et, à la voix du devoir Léon XII se fermait les oreilles à celle de la complaisance. Dans une Congrégation cardinalice il pesait les termes de la Bulle d'extension, du Bref qui devait l'accompagner, de l'Encyclique qu'il voulait y joindre. Volontiers la Somaglia, timide comme un vieillard, aurait passé sous silence la question des sociétés secrètes, « de l'huile sur le feu », disait-il. Le Pape estimait nécessaire d'en faire mention.

Le duc de Laval suivait en secret mais avec grand soin cette délicate controverse ; il pensait : en France l'opposition a fait ses preuves de déloyauté, ne saisira-t-elle pas l'occasion, le prétexte pour créer de nouveaux embarras au gouvernement royal ? Au triste procès du *Constitutionnel* (26 novembre) l'avocat Dupin avait parlé de cette épée dont la pointe est partout et la poignée à Rome ; et cette figure ridicule avait fait fortune. Une campagne contre le clergé se préparait : à côté des « missionnaires », des « Jésuites », des lieux communs sur l'*intolérance* obtiendraient un trop facile succès.

Par l'ordre du Pape les pièces étaient communi-

quées à notre ambassadeur ; ses craintes tombèrent
en lisant les termes mesurés de la Bulle et du Bref,
elles persistèrent au sujet de l'opportunité de l'Encyclique. Léon XII examinait, priait. Le 27 décembre
au soir, un courrier de la Secrétairerie porta à
l'ambassade le texte définitif : on n'y parlait pas de
la Maçonnerie. C'était le Pape seul qui avait
travaillé au changement, et quand Adrien de
Montmorency courut chez la Somaglia pour s'entretenir de cette haute prudence si condescendante
pour la France, le cardinal demeura tout surpris : il
avait transmis le document modifié sans le relire,
ne doutant pas un instant que le texte ne fût
conforme au premier projet.

Il s'agissait maintenant de clore ces grandes fêtes
du Jubilé Romain. Le 24 décembre, le Saint-Père
vint fermer la Porte Sainte. Il officia d'une manière
d'autant plus majestueuse que son visage portait
l'empreinte de la souffrance et de la componc-
tion » (1).

Après les Vêpres de la Sixtine, la procession traditionnelle se déroula jusqu'au portique Saint-
Pierre par l'intérieur de la Basilique. Le Pape revêtu
du pluvial, les reins ceints d'un tablier, s'approcha
de l'ouverture et, à genoux, posa sur une truelle
d'argent la première brique : « *En vertu de Notre-
Seigneur Jésus-Christ Fils du Dieu vivant — Qui a
dit au prince des Apôtres : Tu es Pierre — Et sur
cette pierre je bâtirai mon Eglise — Nous plaçons
cette pierre primaire — Pour fermer cette porte
sainte — Qui doit être ouverte chaque année du
Jubilé. Au nom du Père, du Fils, du Saint-Esprit.
Amen.* » Sa Sainteté jeta dans le mortier une poignée de pièces de monnaie et des médailles ; les unes

(1) Dépêche du duc de Laval, 24 décembre 1825. *Rome*, vol. 659,
folio 413.

représentaient la Porte Sainte, les autres Minerve Hygie (déesse de la santé) (1), choix assurément bizarre pour célébrer le rétablissement d'un Souverain Pontife. Les Pénitenciers achevèrent le scellement des briques de la Porte sacrée. La chapelle papale entonna l'hymne *Cœlestis urbs Jerusalem*. Toute l'assistance répondit par le *Te Deum*; et dans les tribunes où la foule la plus élégante se pressait : princesses en mantilles, princes en grand gala, diplomates en uniforme, les acclamations se prolongèrent pendant que le Souverain Pontife regagnait lentement ses appartements, et qu'à travers la salle Ducale, les Loges de Bramante, les escaliers de la Cour Saint-Damase, le bruit de l'enthousiasme lui parvenait encore comme le grondement formidable de la marée lointaine. Les bataillons et les escadrons pontificaux, drapeaux au vent, massés sur la place, encadraient d'une ligne régulière et impassible cette assemblée mouvante, agitée, chatoyante dans ses costumes pittoresques, bruyante dans ses idiomes variés, et qui, comme les étrangers des temps apostoliques, comprenait chacun dans sa langue le « Galiléen ».

. La voilà fermée, cette Porte Sainte, par où nul des assistants sans doute ne pénétrera plus jamais. Elle est close la fête unique que bien peu contemplent deux fois dans leur vie. Et sur les marches de Saint-Pierre, en se retournant une fois encore, le pèlerin aperçoit au fond de la nef large ouverte, au milieu de la fumée des cierges, comme l'image de de l'année jubilaire qui vient de finir, le point rougeâtre de la mèche vacillante du dernier flambeau éteint. Les carrosses cardinalices roulent vitres closes vers les antiques palais que réchauffent mal

____

(1) Récit d'Artaud, témoin oculaire.

les braseros de cuivre ; les Transtévérines traînent
un pas plus lourd pour s'éloigner à regret de cette
atmosphère de la Basilique, chaude pour le corps et
pour l'âme ; les jeunes mères regardent avec une
espérance plus émue le petit être qu'elles pressent
sur leur poitrine ; son manteau enveloppe d'un pli
plus frileux le tranquille citadin de la place Navone
qui rentre les yeux éblouis et la bouche pleine de
nouvelles.

Autour de l'obélisque de Sixte-Quint, par les
arcades du Bernin, par la via Angelica, par la Porta
Cavalleggierri, par le Borgo, souffle et mugit, non
plus l'haleine adoucie qu'apportait le soleil napolitain au-dessus des collines d'Albe, mais l'âpre bise
du Tibre qui se glace au contact des monts de la
Sabine et tombe du Soracte poudré de ses frimas :
Nice candidum Soracte.

Tout a changé ; seul, du même pas égal, le Suisse,
dans sa capote grise, monte sa garde fidèle au seuil
de la porte de bronze, et sous la tiare de marbre, où
se déchirent les nuages qui passent, l'horloge de
Saint-Pierre tinte les heures de l'éternité.

BIBLIOGRAPHIE

Manuscrits : Archives des Affaires Etrangères.
Rome, volumes 958-959-960.
Egidius Fortini : *Memorie dell'anno
Santo 1825.*

Imprimés : Artaud de Montor : *Histoire du
Pape Léon XII,* 2 volumes (1843).
Crétineau Joly : *L'Église romaine en
face de la Révolution,* t. II (1859).

TABLE DES MATIÈRES

www.ingramcontent.com/pod-product-compliance
Lightning Source LLC
Chambersburg PA
CBHW051126050726
47594CB00003B/978